6128
Lam.

©

11926

ENCYCLOPÉDIE CHANTANTE.

RECUEIL DE CHANSONS ET CHANSONNETTES
anciennes et nouvelles.

VIVE, VIVE LA CHANSON !

CHANSON-PRÉFACE.

Air : *Une Fille est un oiseau.*
Ou : *La Mère aveugle* (de Béranger).

En tout temps, en tous pays,
On chanta, la chose est sûre,
Sans redouter la censure,
Au château, dans les taudis.
Si le chagrin nous désole,
Vif et gai refrain console ;
La chanson est mon symbole.
Mettons-nous à l'unisson,
Qu'ici chacun me seconde ;
Chantons, chantons à la ronde
Vive, vive la chanson !

1856

La chanson, certainement,
Existait du temps d'Homère;
Et loin d'être une chimère
Ce fut un enseignement.
Ses accents sont de l'histoire
L'étude préparatoire;
Car, pour charmer l'auditoire,
L'orateur, dans sa leçon,
De son récit populaire
Fait la base élémentaire.
Vive, vive la chanson!

Dans son culte à l'Eternel,
Pour formuler son hommage,
Devant la céleste image,
C'est par un chant solennel
Que la pauvre créature,
Au maître de la nature
Demande sa nourriture.
Le monarque, le maçon,
S'unissent par un cantique;
Vive la phrase harmonique!
Vive, vive la chanson!

La Patrie est en danger!
S'écrie une voix française:
Au chant de la Marseillaise
Tout citoyen va marcher,
Défendre le territoire;
Et, bientôt, couvert de gloire,

De l'hymne de la victoire
Il peut moduler le son.
Ce refrain patriotique
A sauvé la république.
Vive, vive la chanson !

A cet hymne glorieux,
Succèdent des chants sublimes ;
Et des bravos unanimes
Vont, d'un luth harmonieux,
Populariser en France
Les accents pleins de puissance.
Béranger, pour récompense,
A conquis son écusson ;
Le palais et la Mansarde
Chantent les refrains du barde.
Vive, vive la chanson !

Aux champs, dans les ateliers,
Tout en faisant leur ouvrage,
Pour ranimer leur courage,
Bons villageois, ouvriers,
Chacun à l'envi se prête
De se rendre l'interprête
Des gais refrains du poète.
Jeune ou vieux, fille ou garçon,
Plus la gaîté les anime,
Mieux l'ouvrage se termine :
Vive, vive la chanson !

Réunis dans un repas,
Lorsque le dessert arrive,
L'ennui prend plus d'un convive
Si l'un d'eux ne chante pas;
Mais la gaîté va s'épandre,
Nul ne pourra s'en défendre,
Un refrain se fait entendre!
Il éloigne le frisson!
Et l'on boit force rasades
A la santé des malades.
Vive, vive la chanson!

Héros de Sébastopol!
Ardents soldats de Crimée,
Quand votre vaillante armée
Pouvait périr sur ce sol,
Près d'une triple muraille,
Sous les coups de la mitraille,
Après, avant la bataille,
Entre un affut, un caisson,
Oubliant votre souffrance,
Vous chantiez vive la France!
Vive, vive la chanson!

—

La musique des Chansons et Chansonnettes imprimées dans l'*Encyclopédie chantante* se trouve dans le *Barde français*, publié par les mêmes éditeurs.

CHANSON
SUR
LA CHANSON.

Air *de la Vallée de Barcelonnette.*

On me disait : « Collé, Panard
 » Ont bu l'onde oublieuse ;
» Las ! nous sommes venus trop tard :
 » Plus de chanson joyeuse ! »
Eh ! pourquoi donc nous affliger ?
De l'art ce n'était que l'aurore :
Amis, nous avons Béranger :
 On peut chanter encore !

S'il nous fallait traîner le cours
 D'une vie ennuyeuse,
Sans vin, sans gaîté, sans amours,
 Plus de chanson joyeuse !

Mais pour nos plaisirs, sur nos pas
  Que de fleurs s'empressent d'éclore !
D'ailleurs, le vin ne manque pas :
    On peut chanter encore !

Quand celle qui fit en nos cœurs
    Naître flamme amoureuse
Nous désole par ses rigueurs,
    Plus de chanson joyeuse !
Mais si son œil brille d'amour ;
Si de sa voix l'accent sonore
Nous laisse espérer doux retour,
    On peut chanter encore !

Pourtant, amis, un jour viendra
    Où la mort envieuse
D'un ton sinistre nous dira :
    « Plus de chanson joyeuse ! »
Mais, jusque-là, que le chagrin
Au bruit des chansons s'évapore.
Amis, tant qu'on aime le vin,
    On peut chanter encore !

Hippolyte Tampucci.

ALMA.

CHANT PATRIOTIQUE.

N'est-ce pas qu'ils sont aussi braves
Que les vieux soldats d'Iéna,
Les tirailleurs et les zouaves,
Et les sombres chasseurs d'Alma?

Il se croyait inattaquable
Ce Russe, avec ses bataillons,
Sur la falaise formidable
Toute noire de ses canons.
Mais en trois bonds, comme des chèvres,
Montent, gravissent nos soldats;
Ils sont en haut, cartouche aux lèvres,
Que le Russe encor vise en bas.

N'est-ce pas qu'ils sont aussi braves
Que les vieux soldats d'Iéna,
Les tirailleurs et les zouaves,
Et les sombres chasseurs d'Alma?

Tonnez, pesante artillerie,
Faites feu, soldats embusqués......
Des Français monte la furie;
Vous sentez-vous bien attaqués?...
Pliez, pliez sous la tempête!
Vous connaîtrez sur ces hauteurs,
A leur vaillante baïonnette,
Les fils de vos anciens vainqueurs.

N'est-ce pas qu'ils sont aussi braves
Que les vieux soldats d'Iéna,
Les tirailleurs et les zouaves,
Et les sombres chasseurs d'Alma?

Durant l'attaque meurtrière,
Les Turcs aussi sont beaux à voir,
Avec leur brillant cimeterre
Qui noblement fait son devoir....
Comme ils savourent leur vengeance,
Et qu'ils portent haut leur croissant !
S'ils ont dévoré l'insolence,
Maintenant il leur faut du sang.

    N'est-ce pas qu'ils sont aussi braves
    Que les cavaliers du pacha,
    Les tirailleurs et les zouaves,
    Et les sombres chasseurs d'Alma ?

    Hourrah !... saluons le courage
    Et le sang-froid de ces Anglais,
Sous le canon qui les ravage
Et qui les couvre de boulets.
En vain sur eux l'ennemi roule
Ses bataillons comme une mer,
L'Anglais, calme, à ses pieds les foule...
Les habits rouges sont de fer.

    N'est-ce pas qu'ils sont aussi braves
    Que les Anglais qu'on a vus là,
    Les tirailleurs et les zouaves,
    Et les sombres chasseurs d'Alma ?

La lutte alors devient terrible,
On s'aborde, l'air furieux ;
Le poignard fait sa plaie horrible,
La poudre allume tous les yeux.
Sous le boulet qui fait trouée,
Le coursier tombe hennissant ;
La plaine de morts est jonchée :
Le soldat marche dans le sang.

    N'est-ce pas qu'ils sont aussi braves
    Que les vieux soldats d'Iéna,
    Les tirailleurs et les zouaves,
    Et les sombres chasseurs d'Alma?

Bientôt partout les Russes plient,
Partout cèdent leurs bataillons;
Devant les nôtres ils s'enfuient,
Dispersés en noirs tourbillons.
Ils abandonnent dans leur fuite,
Les morts, les blessés, tout sanglants;
Pour les emporter assez vite,
Leurs chevaux ont les pieds trop lents.

    N'est-ce pas qu'ils sont aussi braves
    Que les vieux soldats d'Iéna,
    Les tirailleurs et les zouaves,
    Et les sombres chasseurs d'Alma?

  La bataille enfin est gagnée,
Dans le camp russe nous voilà !...
Pour monuments de la journée,
Fusils, canons, drapeaux sont là.
L'Aigle russe a quitté son aire,
Mais il recule dans son vol;
Nous le suivons dans son repaire :
En avant. . . . . . à Sébastopol ! ! !

    N'est-ce pas qu'ils sont aussi braves
    Que les vieux soldats d'Iéna,
    Les tirailleurs et les zouaves,
    Et les sombres chasseurs d'Alma?
                   Ch. Lignée.

CHANSON MORALE.

Air primitif.

Rions, chantons, aimons, buvons,
En quatre points c'est ma morale :
Rions tant que nous le pouvons,
Afin d'avoir l'humeur égale.
L'esprit sombre que tout aigrit
Tourmente ce qui l'environne ;
Et l'homme heureux qui toujours rit,
Ne fait jamais pleurer personne.

Souvent les plus graves leçons
Endorment tout un auditoire :
Mettons la morale en chansons,
Pour la graver dans la mémoire.
A ses vœux un chanteur, dit-on,
Rendit l'enfer même docile ;
Orphée a montré qu'un sermon
Ne vaut pas un bon vaudeville.

Quand Dieu noya le genre humain,
Il sauva Noé du naufrage,
Et dit, en lui donnant du vin :
Voilà ce que doit boire un sage.
Buvons-en donc jusqu'au tombeau :
Car, d'après l'arrêt d'un tel juge,
Tous les méchants sont buveurs d'eau ;
C'est bien prouvé par le déluge.

Un cœur froid qui jamais n'aima,
Du ciel déshonora l'ouvrage :
Et pour aimer, Dieu nous forma,
Puisqu'il fit l'homme à son image.
Il faut aimer, c'est le vrai bien ;
Suivons, amis, ses lois divines :
Aimons toujours notre prochain,
En commençant par nos voisines.

Ségur aîné.

VOYAGE DE MAHIEU A BRUXELLES.

Air *de l'Aveugle de Bagnolet.*

D'Paris je trouv' l'air méphitique,
Et n'voulant plus m'y renfermer,
J'viens faire un voyage en Belgique:
On m'a dit qu'ç'a pourrait m'former,
Et qu'ensuit' j'aurais d'quoi charmer.
V'là qu'à la frontière on me d'mande
Si j'n'ai rien d'trop... faut qu'on s'entende...
Palsandieu! palsandieu! palsandieu!
J'n'ai qu'des mollets de contrebande!
Palsandieu, palsandieu, palsandieu!
Tâtez plutôt, tâtez Mahieu!

Malgré ma tournur', ma bonn' mine,
Malgré mon aplomb et mon port,
Un certain quidam m'examine,
Et m'dit d'exhiber mon pass'-port,
Ou qu'il m'pinc'ra dans son rapport.
Ami, que j'lui réponds, écoute :
Pour hors d'Franc' c'est dix francs qu'ça cou-
Palsandieu, palsandieu, palsandieu! [te...
J'aim' mieux boir' mon pass'-port en route :
Palsandieu, palsandieu, palsandieu !
Ça pass' dans le gosier d'Mahieu.

Alors, ma foi, j'jouai des jambes;
L'camard voulut suivr' mon train ;
Mais, on l'sait, j'suis des plus ingambes,
J'gagnai bientôt pas mal d'terrain ;
J'filais comme un bateau sur l'Rhin.
L'gablou se flanqu' dans une ornière ;
Moi j'passe d'l'autr' côté d'la frontière...
Palsandieu, palsandieu, palsandieu !
Je n'lui montrai qu'mon.... savoir faire;
Palsandieu, palsandieu, palsandieu !
Il a bien vu l'pass'-port d'Mahieu.

Grâce au ciel, j'débarqu' à Bruxelles,
C'est, d'honneur, un' charmant' cité!
Au *Parc* fourmillent les demoiselles;
C' séjour pour l'beau sexe est cité;
De d'sirs on s'y sent excité.
En vertu des feux qu'ell's allument,
J'veux qu'à moi les femm's s'accoutument...
Palsandieu ! palsandieu ! palsandieu !
J'brûl'rai, tandis qu'les maris fument;
Palsandieu ! palsandieu, palsandieu !
On verra d'quel bois s'chauff' Mahieu!

Au *théâtre d'la Monnaie* je m'glisse;
C'est tout comme notr' grand Opéra :
Des yeux qui vous r'gard'nt en coulisse,
Des pieds mignons, dont on rêv'ra,
Des dans's, des chants *et cœtera*.
Par exempl' les danseurs, j'vous l'jure,
N'ont pas un' fameuse encolure...
Palsandieu! palsandieu, palsandieu!
Il leur manqu' ma joli' tournure;
Palsandieu, palsandieu, palsandieu!
S'ils étaient taillés comm' Mahieu!

L'lend'main, d'une manièr' civile,
Des flâneurs voulant m'rapprocher,
J'admirai l'ancien *hôtel-d'Ville*,
Et mon r'gard là haut fut chercher
St-Michel qui tourn' sur l'clocher :
A tout vent de posture il change;
Mais c'la n'me parut pas étrange....
Palsandieu, palsandieu, palsandieu!
Plus d'un homme tourn' sans être archange.
Palsandieu, palsandieu, palsandieu!
Gn'y a d'solide au post' qu'un Mahieu!

Grisé d'bierre, liquid' plein de charmes,
Dans la rue, un soir, j'veux régner;
J'fais du bruit, voici deux gendarmes,
Qu'ont l'toupet d'vouloir m'empoigner;
Mais j'dis : cadets, j'vais vous soigner!
J'leur pass' la jamb', quelle' tablature!...
Nous nous somm' roulés dans l'ordure...
Palsandieu, palsandieu, palsandieu!
Ils ont regretté, la chose est sûre,
Palsandieu, palsandieu, palsandieu!
D'avoir attaqué l'grand Mahieu.

E. de Pradel.

LA CHAUMIÈRE ET LE CHATEAU.

Air : *de Garaudé.*

Vois-tu là-bas sur la colline
 Ce beau château,
Et la chaumière qui domine
 Ce vert coteau ?
Dans l'un habite l'opulence
 Et la douleur ;
Dans l'autre habite l'innocence
 Et le bonheur.

Vois-tu dans cette galerie
 Ce grand seigneur,
Et dans la riante prairie,
 Ce bon pasteur ?
L'un, fuyant triste souvenance,
 Ne dort jamais ;
L'autre, bercé par l'espérance,
 Repose en paix.

Vois-tu près de sa demoiselle
 Ce damoiseau ?
Vois-tu près de sa pastourelle
 Ce pastoureau ?
L'un aimable, adroit et volage,
 Sait mieux charmer ;
L'autre, simple comme au village,
 Sait mieux aimer.

N'envions pas son opulence
 Au grand seigneur ;
Conservons plutôt l'innocence
 Du bon pasteur.
Comme les amants du village
 Aimons toujours,
Et nous verrons sans nul orage
 Couler nos jours.   Saint Hilaire.

LES AMOURETTES.

Air : *Léger papillon.*

Vivent les fillettes,
Mais pour un seul jour!
J'ai des amourettes,
Et n'ai point d'amour.

Hier, pour Céphise,
Je quitte Doris;
Aujourd'hui c'est Lise,
A demain Chloris.
Vivent les fillettes, etc.

J'aime fort ma belle,
Lorsqu'il m'en souvient;
Je lui suis fidèle
Quand son tour revient.
Vivent les fillettes, etc.

On entre au bocage,
Le plaisir vous suit.
On rentre au village...
Eh bien! tout est dit.

Vivent les fillettes,
Mais pour un seul jour!
J'ai des amourettes,
Et n'ai point d'amour.

BERQUIN.

LE TAMBOURIN.

Air populaire.

Entendez-vous le tambourin ?
    Vite à la danse ;   (*bis.*)
Entendez-vous le tambourin
Qui met le villageois en train.

    Fi de la ville,
    On y vit tranquille ;
Point de gaîté : l'on danse à petit pas.
  Au village on est plus habile,
  Au village on rit aux éclats.
  Entendez-vous le tambourin ? etc.

    Et quoi ! Lisette,
    Vous n'êtes pas prête ;
Votre fichu vous tient encore là ?
  Déjà se gonfle la musette.
  Et Colin vous attend là-bas.
  Entendez-vous le tambourin ? etc.

    L'amour invite,
    Et chacun s'agite.
Et quoi ! la nuit nous arrive déjà,
  Si la danse finit trop vite
  La chanson la remplacera.
  Entendez-vous le tambourin ?
    Vite à la danse ;   (*bis.*)
Entendez-vous le tambourin
Qui met le villageois en train ?

Nancy, imp. de Hinzelin et Comp.

LE TROUPIER

MORALISTE.

Air : *Avez-vous jamais vu la guerre ?*
Ou : *du Vaudeville de la Partie fine.*

Chauvin, contemp' mes trois chevrons ;
Vois sous mon nez mes moustach's grises :
Ça t'démontre qu' dans les lurons
J'en ai vu, sous l'Autre, des grises.
Par ainsi j'pouvons t'sermonner,
Avant qu'un boulet n'me détale :
Je veux t'apprendre à t'gouverner...

J'sais ben qu'la jeunesse est jeune, et que l'conscrit d'à présent met les principes ous qu'on met la giberne ; mais c'est un tort : quand on a de l'ambition et qu'on veut d'venir comme l'PETIT CAPORAL,

Vois-tu, Chauvin, faut d'la morale !

Je sais qu't'as un cœur de vingt ans,
Et qu'quand tu vois eun' parsonnière,
Tu lui conjugu's tes sentimens

De la plus chouette manière.
Eh ben, tant mieux ! mon jeun' troupier :
Ta march' n'en s'ra qu'pus triomphale ;
Mais respect' la femm' du fourrier...

Tu conçois que l'fourrier z'est ton supérieur : tu dois calfeutrer ton amour à l'égard d'son épouse ; d'ailleurs, j'le tien de notr' aumônier : la femme de not' prochain est une gamelle dans lequel y n' faut pas mettr' le doigt :

Vois-tu, Chauvin, faut d'la morale!

L'bourgeois souvent, au cabaret,
Est glorieux d't'avoir à sa table :
Humect' ben toujours ton cornet :
C'est ça qui rend eun homme aimable.
Quand l'vin dépasse l'bassinet,
N'va pas au pékin qui régale
Proposer un coup de briquet...

Non, mon fiston, reste en PLAC' REPOS t'es Francé, l'bourgeois l'est aussi ; mais l'affair' n'peut pas s'arranger, parce qu tu comprends : lui est un civil et toi z't militaire. Tu lui tires des carottes, c'e bien, t'es dans ton droit ; mais n'lui tir' p autr' chose...

Vois-tu, Chauvin, faut d'la morale !

T'as r'çu du pays, l'autre jour,
Z'un' pièc' six francs, ma foi jolie !
Ta mèr' t'l'avait z'envoyé' pour
Te soigner d'eun' grand' maladie.
Agissant comme un fils soumis,
Tu courus t'guérir... d'la fringale :
T'as mangé tout sans les amis...

Et, c'est pas joli ! c'est pas qu'l'argent de tes parens est la tienne : t'en peux disposer s'lon ton agrément particulière ; mais, Grivel t'avait obligé de son encre, et moi d'mon style attendrissant, et alors...

Vois-tu, Chauvin, faut d'la morale

La moral' (fais ben attention ;
Je n'te cont' pas eun' baliverne)
R'ssemble au fusil d'amonition :
Son canon n'doit jamais êtr' terne
L'honneur, ce tripoli fameux,
Lui donne eun' clair'té sans égale
Avec ça l'soldat est heureux...

Tu peux bambocher à mort, faire des traits au sesque, embêter les conscrits ; mais avec les anciens,

Vois-tu, Chauvin, faut d'la morale !

PAR UN TROUPIER FINI, QU'EST PAS INFIRME.

LA BATAILLE DE WATERLOO.

Air : *de Paris à 5 heures du matin*
(Desaugiers).

    Tout le camp sommeille ;
    Le général veille ;
    L'aurore vermeille
    Ne luit pas encor.
    Sur l'enceinte immense,
    Dans l'ombre s'élance,
    Et plane en silence
    L'oiseau de la mort.

    L'âme tranquille,
    Le chef habile
    De son asile
    Sort dès le matin ;
    Son œil embrasse
    Le vaste espace
    Où chaque place
    Commande au destin.

    Guerrier intrépide,
    D'un mot il décide
    L'attaque rapide...
    Et, sur un tambour,
    L'art pour lui conspire :
    Son génie inspire
    Les soins de l'empire
    Et l'ordre du jour.

    Quand dans la plaine
    Lueur lointaine
    Indique à peine
    Les feux dispersés,

Nos chefs s'assemblent ;
Nos bivacs semblent
Des ponts qui tremblent
Sous leurs pas pressés.

Fils de la patrie,
Sous l'artillerie
Notre infanterie
Manœuvre et s'étend ;
Phalanges plus belles,
Nos lanciers fidèles
Volent sur les ailes
Où Mars les attend.

Nos dragons passent ;
Leurs flots s'amassent ;
Nos houzards lassent
De fougueux coursiers ;
Troupe imposante,
Masse pesante,
A l'œil présente
Nos fiers cuirassiers.

La trompette sonne,
Le clairon résonne,
Le coursier frissonne
Prêt à s'échapper.
L'ennemi s'agite ;
De ses corps d'élite
Veut couvrir la fuite :
La mort va frapper !

Mais il surmonte
L'effroi que dompte
La juste honte
D'un pareil succès.

Son artifice,
D'un bois propice,
Sert la milice
Du brave Écossais.

Nos flanqueurs s'avancent,
Nos chasseurs s'élancent,
Nos lanciers balancent
Leurs terribles dards.
Vivez dans l'histoire,
Soldats que la gloire
Mène à la victoire
Sous nos étendards !

La charge sonne ;
Le bronze tonne,
Le feu sillonne,
Moissonne les rangs ;
Et la fumée,
Dans l'air semée,
Couvre l'armée
De ses noirs torrents.

La garde s'engage,
Au sein d'un nuage
D'épaisses vapeurs ;
Nos vieilles moustaches,
Montrent leurs panaches,
Flottant sur les haches
De nos vieux sapeurs.

Comme la foudre
Qu'on voit dissoudre
Et mettre en poudre
Les cèdres altiers,

Leurs glaives percent,
Leurs coups dispersent,
Leurs bras renversent
Des carrés entiers.

L'ennemi succombe,
Il chancelle, il tombe,
Et déjà la tombe
Reçoit ses débris.
Les soldats pâlissent,
Les coursiers hennissent,
Les airs retentissent
De funestes cris !

Destin étrange !
Soudain tout change :
Le crime arrange
Un succès vendu.
Nos rangs se brisent,
Nos feux s'épuisent,
Des traîtres disent
Que tout est perdu.

Mais crainte frivole :
Le vainqueur d'Arcole
Paraît et revole
Au lieu du danger.
Ses braves l'entourent ;
D'ardeur ils concourent,
Et d'autres accourent,
Prompts à nous venger.

L'armée entière
Voit ta bannière,
Troupe guerrière,
Au loin s'élever :

Force attendue,
Qu'on croit perdue,
Nous est rendue
Et vient nous sauver !

L'ivresse circule ;
Puissant véhicule,
L'espoir est crédule...
Tout-à-coup, grands dieux :
Erreur passagère,
Faveur mensongère ;
C'est l'aigle étrangère
Qui s'offre à nos yeux !

Nos invincibles,
Inaccessibles
Aux coups sensibles
Du destin fatal,
Forts de courage,
Bravent l'orage,
Et du carnage
Donnent le signal.

Des masses s'écroulent ;
Des flots de sang coulent ;
D'ardents chevaux foulent
Les corps palpitants.
La faulx de la guerre,
Les coups du tonnerre
Ont jonché la terre
De membres sanglants.

Traits magnanimes !
Efforts sublimes.
Quelles victimes
Vont encor s'offrir !

L'heure est funeste ;
Tout nous l'atteste :
Il ne vous reste
Qu'à vaincre ou mourir.

Belliqueuse garde,
L'Anglais te regarde,
T'admire et retarde
Ses feux et ton sort.
Ses lignes s'entr'ouvrent,
Et vers toi découvrent
Cent bouches qui s'ouvrent
Pour vomir la mort.

Troupe immortelle,
Sa voix t'appelle :
Français, dit-elle,
Chargés de lauriers,
La foudre gronde ;
Tout nous seconde,
Sauvez du monde
Les premiers guerriers.

Fortune, tu braves
Vainement nos braves :
Des Français esclaves !
Desseins superflus ;
Tu peux les entendre
« Nous savons attendre
La mort sans nous rendre...
Ils n'existent plus! »

E. DE PRADEL.

LE CONSCRIT DÉCIDÉ.

Air : *Des volontaires des Vosges.*

O sapristi ! qué démége,
Val don let conscription
Que r'moue tortot lou villége ;
I fa mou peut ete gahhon :
A moment d'vor les baselles,
Et ca de s'bin diverti,
On nous fa quittet nos belles,
J'alla bintôt les lahhi.

Ç'a don fa lou bédinége,
I n'i faret pu penset ;
Et ca de nott mériège
Qui n'en faret pu palet :
Edûe don met pore Naniche,
Si jéma j'sen po ver ni !!!
Ne roblimes tou por Didiche
Que s'ret tojo ton émi.

Mâ, casqu'on vû tant se piente,
I fa tout d'même en allet :
J'érins bin grand tort de crainte ;
Ca n'iet ouar ecque et dotet.
Et s'tour qu'on n'fa pu let guerre,
Je s'ra content de r'veni
Pô let far à pommes de terre ;
J'y s'ra tojo l'pu herdi.

J'éparno jet l'exercice
Quan je ouado nos dindons,
Et j'do connah lou service,
Ca ja servi les maçons ;
J'sevo mânier let trouelle,
Je n's'rame en poène di fusi :
Et quan je l'ra sentinelle
On n'me mercherème su l'pi.

Quan je r'ouara nott villège
Et que j'éra mou congi :
J'éra montret mou courège,
Et je s'ra bin pu herdi :
J'éra fa bin des mervàyes ;
J'éra ecque et racontet :
Quan je v'ra dans les vayâies
Je n's'ra pu dans l'emberret.

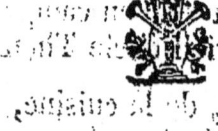

MON ONCLE THOMAS

Air : *Du franc buveur.*

Si vous avez lu l'histoire
Des marmitons de nos rois,
Daignez garder la mémoire
De mon oncle d'autrefois.
Quand le grand roi Charlemagne
Voulait faire un bon repas,
On pouvait voir en campagne
Mon bon vieil oncle Thomas.

Mon oncle, de la cuisine,
Avait la principauté ;
Les marmitons en débine
L'appelaient : Sa Majesté.
Près de sa soupe fumante,

Armé de son coutelas,
Dieu! quelle allure imposante
Avait mon oncle Thomas!

C'était en sauce piquante
Qu'excellait mon vieux parent;
Mais sa vertu dominante
Brillait dans le vol-au-vent.
C'était le premier des hommes,
Pour bien faire un cervelas;
Ah! combien les gastronomes,
Aimaient mon oncle Thomas!

Il mourut de la migraine
Regretté des marmitons;
On dit même que la reine
Récita des oraisons.
Puis au convoi funéraire
Chacun répétait tout bas :
« Mon Dieu, notre divin père,
» Recevez l'oncle Thomas. »

V. Jull.

MATHURIN.

Air du Temps.

Mathurin n'a pas un sou;
Mais quand il a bu son soûl,
Le dimanche à la guinguette,
Turlurette, turlurette,
Sa fortune est faite.

Armant Gouffé.

LE RETOUR AU VILLAGE.

Air : *De la Croix d'or.*

REFRAIN.
Adieu la grande ville,
Je vais quitter ces lieux,
Sous un ciel plus tranquille
Ah! je vais vivre heureux.

Pour toi, chère patrie,
A palpité mon cœur,
Oh! ma mère chérie,
Je ferai ton bonheur!
Appui de ta vieillesse,
Oui, je veux désormais
Partager ta tendresse,
Adoucir tes regrets.
Adieu, etc.

Dans ce riant village,
Où j'ai reçu le jour,
Toujours règne en partage
La tendresse et l'amour;
Des bosquets la verdure
Aux amants fait plaisir;
Des ruisseaux le murmure
Couvre plus d'un soupir.
Adieu, etc.

Sur cette même place,
Ma Lise en me quittant,
Suivait, suivait la trace
De son fidèle amant;
Ah! bannis tes alarmes,
Me voilà de retour;
Je viens sécher tes larmes
Et combler notre amour.
Adieu, etc.

Oh! pour moi quelle ivresse,
Pour moi quel doux moment,
De ma tendre maîtresse
Je reçois le serment!
Puis je revois ma mère,
La pressant sur mon cœur,
De l'amitié sincère
Je goûte le bonheur!
Adieu, etc.

REVIENDREZ-VOUS?

Air : *Chacun son tour.*

Reviendrez-vous, gentille Bachelette,
Demain encor dans le prochain vallon?
Dirai pour vous ma nouvelle chanson,
Et cueillerai la blanche pâquerette :
    Reviendrez-vous?

Si m'écoutez, plus n'aurai d'autre amie;
Vous le promets, foi de vrai chevalier,
Serai demain, là-bas, sous l'églantier.
Répondez-moi, bergerette jolie,
    Reviendrez-vous?

Lise y revint, jurant d'être bien sage;
Mais le trompeur la pria tant d'amour...
En rougissant, la pauvrette, à son tour,
Les yeux baissés, demandait au beau page:
    Reviendrai-vous?

        Le chevalier DE COUPIGNY.

LE TEMPS.

Air : *Ce magistrat irréprochable.*

Un jour, si l'on en croit un sage
Cher aux Muses, à la beauté,
Le Temps demandait le passage
Sur le bord d'un fleuve arrêté.
Au même instant, tout hors d'haleine,
Le Plaisir accourt près de lui ;
Sur ses pas se traîne la peine ;
C'était alors comme aujourd'hui.

C'est le Temps, dit-elle à son frère :
Bien vite faisons-le passer.
— Non, ma sœur, je veux au contraire
Sur ce bord enfin le fixer.
Je sais trop quelle est sa puissance !
Rien n'endort ces yeux vigilants ;
Mais toujours, malgré sa prudence,
Le Plaisir a trompé le Temps.

Alors en riant il l'invite
A se reposer un moment.
Ah ! dit la Peine, fuyez vite ;
Vous cheminez si lentement !
Finissez ce débat, de grâce,
Dit le Temps, j'ai peu de loisir ;
La barque arrive, et le Temp passe
Entre la Peine et le Plaisir.

Justin GENSOUL.

Nancy, imp. de HINZELIN et Comp.

PROVENÇALE.

de la Marseillaise.

Amis, et la bouche encor pleine,
Que je vis chanter nos succès.
Léger et vaincre à perdre haleine
Est le talent d'un Français. (*bis*)
Un jour nos enfants, dans l'histoire,
Verront à nos doubles ébats,
Que pour célébrer nos combats,
Nous buvions sec à la victoire.

A boire, citoyens! arrière la raison!
Versez!(*bis*)que le Champagne arrose ma chanson!

Un peuple libre est gastronome :
Les opprimés n'ont cœur à rien.
Nul ne mange comme un grand homme,
Nul ne boit comme un citoyen.
Qu'au bruit joyeux de nos rasades,
Les rois, pour leur cave alarmés

Tremblent de voir par nous formés
Tous leurs tonneaux en barricades.

A boire, citoyens! arrière la raison!
Versez!(*bis*) que le Champagne arrose ma chanson!

Si pour déguster ces bouteilles
Dont le vin rit à nos destins,
L'étranger gourmand sur nos treilles
Osait jamais porter les mains,
Jurons qu'à ces vignes fidèles
Voleraient nos bras et nos cœurs,
Et que, sur leurs débris vainqueurs,
Nous saurions tous mourir pour elles.

A boire, citoyens! arrière la raison!
Versez!(*bis*) que le Champagne arrose ma chanson!

Un plat n'outrage la morale
Qu'en mettant le goût en danger :
Avaler est chose légale ;
Les lois ont permis de manger.
Montrons au voisin qui nous raille
Qu'en France, on ne s'est jamais dit
A table manquer d'appétit,
Ni de courage à la bataille.

A boire, citoyens! arrière la raison!
Versez!(*bis*) que le Champagne arrose ma chanson!

Mon œil troublé lit une fable ;
Mon verre a frémi sur son eu :
Un jour peut-être, à cette table,
Le vin par l'eau sera vaincu !
Ah ! pour sauver honte pareille
Aux gais refrains de nos aïeux,
Vive toujours chez leurs neveux
La liberté de la bouteille !

A boire, citoyens ! arrière la raison !
Versez !(*bis*) que le Champagne arrose ma chanson !

Aimable dieu de la folie,
Remplis mon verre et prends mes jours.
J'ai vu triompher ma patrie :
Je n'ai plus qu'à boire aux amours.
Pour vous, convives à ces fêtes,
Amis, qu'un même âge a portés,
Puissent nos jeunes libertés
Pour le bon vin tourner vos têtes !

A boire, citoyens ! arrière la raison !
Versez !(*bis*) que le Champagne arrose ma chanson !

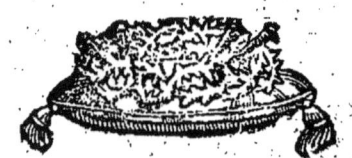

L'AMOUR DU LIEU NATAL.

Air *de la Bagnerèse.*

O du pays, salut, magique flamme !
Prisme divin, talisman des grands cœurs ;
Toi, dont le charme exalte une belle âme
Et la revêt de prestiges vainqueurs !
Devant nos pas, aux champs de l'existence,
Champs où l'ivraie étouffe le bon grain,
Ta vive empreinte efface la distance ;
A ton nom seul fuit le sombre chagrin.
   Moselle,
   Ruisselle,
  Au gré de ton paisible cours ;
   Patrie
   Chérie,
  Sois mes derniers amours.

Du lieu natal inexprimable empire !
Là, par degrés, notre esprit se forma ;
Au sein des jeux que la nature inspire,
Notre pensée un matin s'anima.
De nos accents préludait l'harmonie,
Sur tous les fronts rayonnaient les désirs ;
Et l'innocence à la tendresse unie
Y donnait cours à ses premiers plaisirs.
   Moselle, etc.

Du vrai, du beau les naïves délices
Dans la famille essayaient leurs élans ;
Et de l'école, ouverte aux doctes lices,
Une couronne attendait les talents.
D'autres exploits, sur un plus grand théâtre,
Allaient sourire au jeune ambitieux ;
Mais du berceau le feu, caché dans l'âtre,
Dès le réveil n'en éclatait que mieux.
   Moselle, etc.

J'ai visité la superbe Tamise,
Et d'Albion les immenses bazars;
J'ai parcouru cette terre promise
Où fut jadis le trône des Césars.
De ma vallée et de ses pures ondes
M'accompagnait le touchant souvenir;
Malgré l'attrait de rives plus fécondes,
Vers mes foyers j'aimais à revenir.
   Moselle, etc.

Seuil paternel, ta séduisante image
Sait triompher de l'espace et du temps;
L'illusion, réparant maint dommage,
Vient rappeler les songes du printemps.
De nos aïeux la cendre ici repose;
Loin d'eux, alors, nous rêvons le retour;
Bien que de nous l'aveugle sort dispose,
Près d'eux chacun veut dormir à son tour.
   Moselle, etc.

Sur le proscrit, l'exilé volontaire
Que la patrie exerce de pouvoir!
Tournant vers elle un regard tributaire,
Chacun toujours brûle de la revoir.
L'Helvétien, absent de sa montagne,
Semble de l'œil en tous lieux la chercher;
Le soldat, fier d'une rude campagne,
Chante à l'aspect de son natal clocher.
   Moselle, etc.

Revenez donc, ivresses domestiques,
Rêves éclos parmi nos frais vallons;
Apparaissez, châlets, sapins antiques,
Dômes altiers de nos riches Ballons (1)!
Réveillez-vous, souvenirs du bel âge,
Tendres loisirs, naissantes voluptés;
Joyeux accords, simples jeux du village,
Rendez la vie à nos félicités.
   Moselle, etc.

Sans désirer les splendeurs éphémères
Qui d'un monarque environnent les jours,
J'avais redit : que me font ces chimères
Dont le tableau nous abuse toujours ?
Ma voix, sur l'onde où glissait mon navire,
A répété : Vive mon heureux bord !
De peur qu'enfin mon espoir ne chavire,
Serrons la rame et regagnons le port.
  Moselle,
  Ruisselle,
Au gré de ton paisible cours ;
  Patrie
  Chérie,
Sois mes derniers amours.

     Albert-Montémont,
    Membre honoraire du Caveau,
    Chevalier de la Légion-d'honneur.

(1) Montagne des Vosges.

L'AMOUR ET L'AMITIÉ.

Air : *Femmes, voulez-vous éprouver.*

Au fol Amour sur l'Amitié
Qui peut donner la préférence?
L'un est malin et sans pitié,
L'autre est la sœur de l'Innocence;
L'un est aveugle et sans raison,
L'autre voit tout et l'apprécie :
Il n'est pour l'un qu'une saison,
L'autre a des droits toute la vie.

L'Amour est le poison des cœurs,
L'autre est leur baume salutaire;
L'une soulage nos douleurs,
Lorsque l'autre nous désespère;
L'Amitié vient calmer nos sens,
L'Amour nous mène à la Folie;
L'une ennoblit nos sentiments,
L'autre parfois nous humilie.

L'Amour est souvent abattu,
L'autre fait mieux porter sa chaîne.
L'Amitié soutient la Vertu,
L'Amour est trop près de la Haine.
L'une est compagne de l'honneur,
De faveurs l'autre est trop avide :
L'Amour assiége la Pudeur,
Et l'Amitié lui sert d'égide.

L'une est ferme dans les revers,
L'autre souvent n'est que faiblesse ;
L'une éternise des nœuds chers,
L'autre n'a qu'un moment d'ivresse.
L'Amour sait nous tendre des lacs,
L'autre se montre avec franchise :
L'Amitié ne se ride pas,
En jouissant l'autre s'épuise.

L'Amitié seule est sans défaut :
Tel est, Chloé, votre système ;
Eh bien ! Chloé, puisqu'il le faut,
C'est d'amitié que je vous aime !
Mais, à ce pauvre dieu d'Amour
Donnons au moins la subsistance ;
Et qu'en nos cœurs il ait son tour,
S'il n'obtient pas la préférence.

ISAMBERT.

LES BATONS.

Air : *Partant pour la Syrie.*

Sur Rousseau qui nous fronde,
Je me suis appuyé ;
Pour parcourir le monde,
Il faut aller à pié.
En brillant équipage,
D'autres font leur chemin ;
Moi gaîment je voyage
Un bâton à la main.

Les héros dont la France
Aime à garder le nom,
Savaient, par leur vaillance,
Honorer le bâton.
Ils enchaînaient la gloire ;
Et Villars, à Denain,
Poursuivait la victoire
Un bâton à la main.

Plus d'un peuple profane
Le métier de soldat :
Souvent les coups de canne
Précèdent le combat.
Tels servent en esclaves
Le Russe, le Germain,
Et l'on vous fait des braves
Un bâton à la main.

Aimez-vous la musique ?
Chacun vous citera,
Pour l'effet harmonique
Notre grand Opéra.

De cette illustre scène
Si l'orchestre est divin,
C'est parce qu'on le mène
Un bâton à la main.

Un poëte bien mince,
Vil flatteur du pouvoir,
Dans un luxe de prince
Promène son savoir ;
Et le chantre d'Achille,
En demandant du pain,
Allait de ville en ville,
Un bâton à la main.

E. DE PRADEL.

JE SAIS BIEN CE QUE JE VEUX
ROMANCE.

AIR : *Depuis longtemps j'aimais Adèle.*

Depuis longtemps j'aimais Céline
Sans oser lui parler d'amour :
Au doux penchant qui me domine
Je m'abandonne sans détour.
Pour lui peindre ce que m'inspire
Tout ce qu'elle a de gracieux,
Je ne sais pas ce qu'il faut dire...
Mais je sais bien ce que je veux.

Quelquefois au fond de mon âme
Je me demande, en soupirant :
Dois-je lui déclarer ma flamme ?
Dois-je cacher mon sentiment ?

Pour qu'enfin je puisse lui plaire,
Pour qu'elle réponde à mes vœux,
Je ne sais pas ce qu'il faut faire...
Mais je sais bien ce que je veux.

Loin d'elle mon amour redouble,
Je suis brûlé par le désir :
Près d'elle mon esprit se trouble,
J'ai de l'ennui, j'ai du plaisir :
Dans un rêve je la retrouve ;
Je la vois en ouvrant les yeux :
Je ne sais pas ce que j'éprouve...
Mais je sais bien ce que je veux.

Puisque, dans cette triste vie,
On dit qu'espérer, c'est jouir,
En pensant à femme jolie,
La peine doit s'évanouir,
Si quelque jour je dois te plaire,
Et si tu dois combler mes vœux,
Que ton regard me dise : Espère...
Ah ! voilà tout ce que je veux !

BRAZIER.

LE TRANQUILLE BUVEUR.

Air nouveau.

O vous ! qui brillez dans l'histoire,
Guerriers, superbes conquérants,
Malgré vos exploits éclatants,
Je n'envierai point votre gloire.

Au triste et chimérique bonheur
D'être les fléaux de la terre,
Je préfère la paix du cœur
Que goûte un tranquille buveur,
 Vidant son verre. (bis.)

Vous qui soupirez dans les chaînes,
Captif aux pieds d'une beauté,
Vous changez votre liberté
Contre des soupirs et des peines ;
Moi, loin d'éprouver la rigueur
Et les caprices de Glycère,
Je préfère la paix du cœur
Que goûte un tranquille buveur,
 Vidant son verre. (bis.)

Vous qui sur l'aile du génie
Gravissez le sacré vallon,
Tristes favoris d'Apollon,
Vous êtes jouets de l'envie ;
Sans cesse on voit le peuple auteur
Se faire une éternelle guerre ;
Qu'il est loin de la paix du cœur
Que goûte un tranquille buveur,
 Vidant son verre. (bis.)

L'ambition conduit au crime,
Le luxe à la mendicité,
Le libertin perd sa santé,
L'avare est sa propre victime.
O vous ! qui cherchez le bonheur,
Et n'embrassez qu'une chimère,
Jouissez de la paix du cœur
Que goûte un tranquille buveur,
 Vidant son verre. (bis.)

LA VEILLE,
LE JOUR ET LE LENDEMAIN.

Air : *J'ai vu partout dans mes voyages.*

Ces trois mots nous offrent l'emblème
De la course agile du temps :
Des dieux la sagesse suprême
Ainsi partagea nos instants.
Notre vie, hélas! est pareille
Au jour ténébreux ou serein ;
De ce jour l'enfance est la veille,
La vieillesse le lendemain.

La veille, l'on vit d'espérance,
Le jour l'amour est satisfait ;
Le lendemain vient en silence
Le souvenir ou le regret.
Le désir fatigué sommeille ;
Amants, tel est votre destin :
Vous êtes plus heureux la veille
Que le jour et le lendemain.

Damis avant le mariage
Paraît tendre, empressé, soumis ;
Le jour vient; dès qu'hymen l'engage,
On ne reconnaît plus Damis ;
Amour l'endort, soupçon l'éveille
D'où vient ce changement soudain ?
C'est qu'il était amant la veille,
Qu'il est époux le lendemain.

Pour le méchant, dans la nature,
Il n'est plus un seul jour serein ;
Mais l'innocence calme et pure
Ne craint jamais le lendemain.
L'homme de bien, quand il sommeille,
Voit en songe sur son chemin
Les heureux qu'il a faits la veille,
Ceux qu'il fera le lendemain. MILLEVOYE

LE VIEUX SOU AU PETIT SOU NEUF.

STANCES.

Petit sou qui sors du creuset,
Comme l'enfant sort de son lange,
Tout neuf, tout pimpant, tout coquet,
Sans vert de gris, sale mélange !
—Ne te vante pas devant moi :
Tu n'as rien fait pour la mémoire ;
Je ne suis pas frais comme toi,
Mais j'ai la rouille de l'histoire !

Regarde mon front effacé,
Dont le temps ronge la mesure ;
Plus d'un siècle a sur moi passé ;
J'ai vécu ! voilà ma parure !
J'existais même avant Jésus !
Des vieux sous il a fait la gloire ;
Il nous a donné des vertus,
C'est lui qui fit prier et croire !

Depuis, j'ai, dans l'humanité,
Conquis ma dernière couronne ;
J'absous le riche par l'aumône,
Je mène au Ciel la pauvreté !
Respecte ma noble misère,
Petit Sou, jeune ambitieux !
Six mille ans m'ont fait noir et vieux ;
Depuis je roule avec la terre !

J'ai couru comme le bâtard
Ignorant d'où je peux descendre :
J'ai vu Charlemagne et César,
Louis, Henri quatre, Alexandre !
J'ai vu passer bien d'autres rois
Dont j'ai payé la bienvenue ;
Et j'ai nourri de pain trois fois
La République fière et nue.

Quatre-vingt-treize m'ennoblit
En m'affranchissant de la dîme ;
Mais de son assignat maudit
Je faillis être la victime.
Mon baptême fut un honneur ;
Ma mort servit à ma puissance ;
Près de l'autel je pris naissance ;
Je viens des cloches du Seigneur.

Comme un pauvre heureux de renaître,
J'eus soudain un nouvel essor :
Avec le peuple, mon vrai maître,
J'étais libre et valais de l'or.
Pendant qu'en liards j'allais aux quêtes,
Tous deux nous devions sans relais
Courir à bien d'autres conquêtes ;
Pour Napoléon je roulais.

Au loin j'assistais à sa gloire ;
J'ai nourri son peuple soldat ;
A la chanson de sa victoire
Mon cuivre mêlait son éclat !
Marchant d'un pas fier et rapide,
Je l'ai suivi dans l'Univers,
Valant peu sous un ciel splendide,
Valant beaucoup dans un revers !

Toujours présent pour la souffrance,
J'ai suivi son dernier chemin ;
Helas ! c'était un sou de France
Qu'en mourant a touché sa main !
Petit Sou, ta jeune médaille
Brille aujourd'hui de son grand nom ;
Ton cuivre est couleur de bataille ;
Tu t'appelles Napoléon !

Va donc ! ouvre ta jeune histoire !
Marche dans un autre Univers,
Gagne la rouille de la gloire,
Va semer d'épis les déserts !
Pauvre plébéien, ton obole
Du Pérou vaut bien le trésor,
Quand sur le penseur qu'il console
Il prend les beaux rayons de l'or.

N'a-t-il pas aussi sa noblesse
Chez le poète et le savant ?
Sa joie aussi chez la jeunesse
Quand il est la fleur de l'amant ?
Prends donc mon pesant héritage,
Mes vertus, mon orgueil, mes pleurs !
Prends ce que nous donne un grand âge,
L'expérience et les douleurs.

Moins triste que moi, ta jeunesse
Peut regarder dans l'avenir !
La France aura plus de richesse,
Toi, moins de misère à guérir !
Le peuple s'instruit et travaille ;
L'avare devient généreux ;
Et bientôt ta jeune médaille
Ne verra plus que des heureux.

MASCARET.

Nancy, imp. de Hinzelin et Comp.

QUI NE RISQUE RIEN

N'A RIEN.

Air du doux Nenni.

La Fortune, en cette vie,
Sauve l'homme de cœur;
De l'audace elle est l'amie,
Et déshérite la Peur.
En tout genre d'entreprise,
Du succès le vrai moyen
C'est de suivre ma devise :
Qui ne risque rien n'a rien.

Philinte, d'un feu timide,
Pour Chloé brûle en secret;
Un beau jour, il se décide
A se montrer moins discret.
Pendant trois ans de silence,
Il eut l'espoir pour soutien;
Il parle et perd l'espérance...
Qui ne risque rien n'a rien.

ENCYCLOPÉDIE CHANTANTE. 4

Heureux auteurs d'acrostiches,
Damis, chéri d'Apollon,
Vit longtemps ses hémistiches
Applaudis dans maint salon.
Enfin, sa muse débute
Au Théâtre Italien.
Qu'y gagne-t-elle?... une chute...
Qui ne risque rien n'a rien.

L'exemple de son village,
Jamais aux galants propos,
Lise, à la fois belle et sage,
N'avait répondu deux mots.
Avec Lucas, moins sévère,
Elle y met un peu du sien,
Puis gagne le nom de mère...
Qui ne risque rien n'a rien.

Sur la hausse et sur la baisse,
Paul, spéculant à propos,
Du Pactole dans sa caisse
Voit d'abord couler les flots.
Guidé toujours par l'audace,
Il gagne, en perdant son bien,
A l'hôpital une place...
Qui ne risque rien n'a rien.

L'humeur la plus pacifique
Longtemps signala Valsain ;
Voilà qu'un jour il se pique
De faire le spadassin :
Pour prix de son équipée,
A mon apprenti vaurien
Arrive un grand coup d'épée...
Qui ne risque rien n'a rien.

L'Éveillé, que l'on renomme
Comme l'escroc le plus fin
Qui soit de Paris à Rome,
Se trouve pris à la fin.
La Justice alors se charge
Des frais de son entretien ;
Elle y joint certaine charge...
Qui ne risque rien n'a rien.

Suivons donc cette maxime,
Et que jamais du danger
La crainte pusillanime
Ne vienne nous déranger,
Quand le Plaisir nous invite,
Cédons, et disons-nous bien :
A tout hasard, courons vite ;
Qui ne risque rien n'a rien.

M. Vieillard.

A MON TAILLEUR.

Air : *des Habits déchirés.*

O mon tailleur, que vous êtes aimable
D'avoir coupé mon habit de façon
Qu'aux yeux d'Hortense ô prodige incroya-
Je sois enfin devenu beau garçon! [ble!

C'est vous tout seul, cher tailleur, que je
Le teinturier n'a rien à réclamer ; [chante:
C'est votre coupe et légère et brillante
Qui fait qu'on m'aime et que j'ai su charmer.

Ne perdez pas, s'il vous plaît, ma mesure,
Elle et vos doigts forment tout mon trésor ;
Ah! je leur dois bien plus qu'à la nature,
Puisque sans eux je déplairais encor.

Ah! bien méchant est qui vous décrédite :
Tailleur-voleur! c'est un mensonge; hélas!
Est-on voleur en donnant du mérite
Aux malheureux qui n'en possèdent pas?

Ce qu'on débite est pure calomnie
Je soutiens, moi, que tailler en pleins draps,
Dans un artiste annonce le génie :
Le sot bon sens, lui seul, tient le compas.

Mais si j'ai plu, d'autres pourra en bien plaire
Cela dépend de vos savans ciseaux :
Je vous promets, ami triple salaire,
Si vous gâtez le drap de mes rivaux.

ALBÉRIC.

COMME C'ÉTAIT AUTREFOIS.

V'là c'que c'est qu'l'exactitude (du
Mariage de raison).

Le temps jadis est vénéré ;
On nous vante ses jours prospères.
Nous n'avons pas dégénéré ;
Nous valons autant que nos pères.
Ils chantaient des couplets grivois ;
Danser fut souvent leur étude ;
Nos pères faisaient bien je crois...
Chantons, dansons, comme autrefois,
Pour n'en pas perdre l'habitude.

L'art heureux des déguisements
Leur souriait à mainte époque ;
Pour attester ces goûts charmants,
Il nous reste encor leur défroque.
Habits de velours, de chamois,
Paniers, vertugadins de prude ;

Leurs cœurs seuls étaient nuds et droits...
Déguisons-nous, comme autrefois,
Pour n'en pas perdre l'habitude.

Nos pères, gens fort amoureux,
Rarement trouvaient des cruelles ;
Tous les hommes étaient heureux,
Et toutes les femmes fidèles.
Certains de l'objet de leur choix,
Ils s'aimaient sans inquiétude ;
Les ans leur paraissaient des mois...
Faisons l'amour comme autrefois,
Pour n'en pas perdre l'habitude.

A l'amour longuement filé
Succédait un doux mariage.
L'hymen n'était jamais troublé
Par le moindre petit nuage.
Les époux, nobles et bourgeois,
Dans le monde ou la solitude,
N'avaient qu'un cœur et qu'une voix...
Marions-nous comme autrefois,
Pour n'en pas perdre l'habitude.

E. DE PRADEL.

DAPHNÉ.

ELLE sur l'air : *Dans ces prés fleuris.*

Tandis que mes chèvres
Suspendent leurs lèvres
Aux buissons fleuris,
Près de ce rivage,
Où j'ai vu l'image
De ses traits chéris,
En amant fidèle,
Je chante la belle
Dont je suis épris.

Pour Larisse, ville
En beautés fertile,
Bien des yeux de jais
Des voix de syrène
Font quitter Athène :
Mais d'autant d'attraits
Que celle que j'aime,
A Larisse même,
Qui brilla jamais ?

O naïades blondes,
Dans le sein des ondes,
Egarant vos pas,
Quand Daphné s'abreuve
Aux bords de ce fleuve,
Ne croyez-vous pas
Voir de Cythérée,
Déesse adorée,
La gorge et les bras ?

Dieux ! comment peindrais-je
Et l'éclat de neige
Qu'offrent ses deux seins,
Et sa chevelure,
Pudique parure,
Flottant sur ses reins,
Et son doux sourire
Qui met en délire
Les Arcadiens?

Célébrant Pomone,
Quand gaîment résonne
La flûte de joncs,
Avec quelle ivresse
Cette enchanteresse
En entend les sons ;
Et, vive, légère
Courbe la fougère
Sous ses mille bonds !

Sitôt qu'un satyre
Voit ses grands yeux luire,
Frappé de stupeur,
Derrière un tronc d'orme,
Le sylvain difforme
Cache sa laideur ;
Et, respect extrême !
Refoule en lui-même
Sa cynique ardeur.

Maître du tonnerre
Au sourcil sévère !
Tu ne m'as donné,
Pour richesse unique,
Qu'un chaume rustique
Et qu'un champ borné :

Quel homme eût pu croire
Que j'aurais la gloire
De plaire à Daphné!

Le chef magnifique
D'une république
Lui présente en vain
L'or et le porphyre,
Qu'à grands frais on tire
Du sol indien;
Nul don ne la charme
Et ne la désarme
S'il n'est de ma main.

Aussi, quand loin d'elle,
Mon troupeau fidèle
Entraîne mes pas,
Sachant qu'à personne
Elle n'abandonne
Son corps plein d'appas,
Et que sa constance,
Pendant mon absence,
Ne s'affaiblit pas;

Pour elle, de dattes,
Je remplis mes jattes;
Dans mes fins réseaux,
Où leur vol expire,
Pour elle, j'attire
Des bandes d'oiseaux;
Pour elle, en sa fuite,
J'arrête la truite
Parmi les roseaux.

Puis, vers mon idole
Le soir, je revole;
Et, divin plaisir!

Longtemps à la mienne
Sa suave haleine
Alors vient s'unir....
Diane! pardonne!
Quand l'amour ordonne,
Il faut obéir.

Oh! que sa prunelle
A vive étincelle
Rend mon cœur heureux!
Comme sa voix douce
Loin de moi repousse
Tout penser fâcheux!
Quelle est mon ivresse,
Lorsque ma main tresse
Ses épais cheveux!

En attendant l'heure
Où, dans sa demeure,
Je la reverrai;
Tandis qu'elle natte
La laine écarlate
Ou le jonc doré;
Je veux, douce tâche!
Chanter, sans relâche,
Son nom adoré.

Pour vous, chèvres blanches,
Pendez-vous aux branches
Et les dépouillez!
Afin qu'avec joie
Ma Daphné revoie
Vos pis bien gonflés;
Oui, chèvres mutines,
Au bord des ravines,
Jusqu'au soir paissez!

ALBÉRIC PREMIER.

ÉLOGE DE L'EAU.

Air : *J'ai vu partout dans mes voyages.*

Quand tous les peuples en délire
De Bacchus chantent la gaîté,
Quand tout veut célébrer l'empire
D'une funeste déité ;
Moi, repoussant l'erreur commune,
Je prends un essor tout nouveau :
A Bacchus j'oppose Neptune,
Je chante les bienfaits de l'eau.

Ah ! c'est à l'eau que la nature
Doit sa splendeur et sa beauté ;
Les prés lui doivent leur verdure,
La terre sa fécondité ;
Par elle tout se vivifie ;
Les fleurs, les fruits et le raisin.
Sans une bienfaisante pluie
Vous n'auriez pas d'aussi bon vin.

Voyez dans la brûlante plaine
Cet infortuné voyageur,
Haletant, respirant à peine,
Mourant de soif et de langueur ;
Ce vin qu'à l'eau chacun préfère
Irrite sa soif de nouveau ;
A tous les trésors de la terre
Il préfère une goutte d'eau.

Lorsque dans le cristal de l'onde
Se désaltère la vertu,
Souvent les meilleurs vins du monde
Sont chez le crime parvenu ;

Aux vins exquis de l'opulence
L'honnête homme préfère alors
L'eau de la modeste innocence,
Que l'indigent boit sans remords.

De l'eau l'utilité suprême
Commence pour nous en naissant;
C'est, dit-on, par l'eau du baptême
Que l'homme devient innocent.
La vérité, trop méconnue,
N'ayant chez nous plus de réduits,
Dans l'eau se plongea toute nue;
Son sanctuaire fut un puits.

L'eau d'une modeste fontaine
Du poëte fait la boisson,
En buvant l'eau de l'Hippocrène
On est favori d'Apollon.
Toi, dont l'humeur est si galante
Français, ne te souvient-il plus
Que du sein de l'onde écumante
Neptune fit jaillir Vénus?

      Fréd. Bourguignon.

UN CONSEIL AVANT L'ACTION.

Air: *Versez donc, mes amis, versez.*

Voulez-vous suivre un bon conseil?
Buvez avant que de combattre;
De sang-froid je vaux mon pareil,
Mais quand j'ai bien bu, j'en vaux quatre.
Versez donc, mes amis, versez,
Je n'en puis jamais assez boire;
Versez donc, mes amis, versez,
Je n'en puis jamais boire assez.

Comme ce vin tourne l'esprit,
Comme il vous change une personne ;
Tel qui tremble, s'il réfléchit,
Fait trembler quand il déraisonne.
Versez donc, mes amis, versez ;
Je n'en puis jamais assez boire ;
Versez donc, mes amis, versez,
Je n'en puis jamais boire assez.

Ma foi, c'est un triste soldat,
Que celui qui ne sait pas boire ;
Il voit les dangers du combat,
Le buveur n'en voit que la gloire.
Versez donc, mes amis, versez,
Je n'en puis jamais assez boire,
Versez donc, mes amis, versez,
Je n'en puis jamais boire assez.

Cet univers, oh ! c'est très-beau ;
Mais pourquoi dans ce bel ouvrage,
Le Seigneur a-t-il mis tant d'eau ?
Le vin me plairait davantage.
Versez donc, mes amis, versez,
Je n'en puis jamais assez boire ;
Versez donc, mes amis, versez,
Je n'en puis jamais boire assez.

S'il n'a pas fait cet élément
De cette liqueur rubiconde,
Le Seigneur s'est montré prudent,
Nous eussions desséché le monde.
Versez donc, mes amis, versez,
Je n'en puis jamais assez boire ;
Versez donc, mes amis, versez,
Je n'en puis jamais boire assez.

LA VIEILLE.

Air : de *Jeannette*, etc.

A quinze ans les désirs
S'éveillaient sur mes traces ;
Vive comme les Grâces,
J'enchaînais les Plaisirs ;
Tous ils ont pris la fuite,
Effrayés par le temps ;
De mes nombreux amants
Je n'ai plus la visite...
Tous les jours je le sens,
Ah! je n'ai plus quinze ans.

Fraîche comme la fleur
Qu'un printemps renouvelle,
Une glace fidèle
Fut mon premier flatteur.
Vive, tendre, légère,
La danse m'enivrait ;

Mais l'hiver apparaît,
Je dors dans ma bergère.
　　Tous les jours, etc.

Les volages amants
Assiégeaient ma demeure;
J'entendais à toute heure
Leurs propos, leurs serments.
Un jour, leur foule ingrate
Déserta mon logis...
J'ai pour derniers amis
Mon carlin et ma chatte.
　　Tous les jours, etc.

Les jeux et les amours,
Les pompons, les dentelles,
Et les modes nouvelles
Dictaient seuls mes discours;
Mais l'âge tyrannique
Impose un autre goût;
J'aime par dessus tout
A parler politique.
　　Tous les jours, etc.

Autrefois, nuit et jour,
Curieuse fillette,
Je lisais, en cachette,
Vers et romans d'amour...
Devenue insensible
A tout plaisir mondain;
Au terme du chemin,
Je lis la sainte Bible.
　　Tous les jours, etc.

　　　　　　Édouard VIOT.

AUX CHANSONNIERS.

Air : *De ma Céline, amant fidèle.*

Gais chansonniers, malins apôtres,
Qui faites, par d'aimables vers,
Rire, plaisans, pleurer les autres,
Craignez pourtant quelques revers.
Quand vous frondez le ridicule,
Gardez-vous surtout d'oublier
Que les verges et la férule
Cinglent aussi le chansonnier.

Comme l'esprit de ces bluettes,
N'a jamais fléchi vos censeurs,
On peut juger aux chansonnettes
Du courage de leurs auteurs.
Depuis qu'une horde hypocrite
De Momus fit son prisonnier,
L'esprit n'est plus le seul mérite
Qu'on exige du chansonnier.

Dans vos badines étincelles,
Réprimez des vœux impuissants;
La pudeur des doctes pucelles
Repousse, dit-on, votre encens.

ENCYCLOPÉDIE CHANTANTE.

Mais, capricieuse et coquette,
On prétend que, pour varier,
Plus d'une refuse au poète
Ce qu'elle accorde au chansonnier.

Boileau vous reconnaît à peine
Quelque peu d'art et de bon sens ;
Voyons si sa fertile veine
Lui fournira d'heureux accens :
Il saisit le pipeau bachique,
Unissant le lierre au laurier.
Hélas ! le riche satirique
N'est plus qu'un pauvre chansonnier.

Qu'on vante l'esprit, la franchise
De nos soi-disant bons aïeux !
Leurs vieux flons flons, qu'on préconise,
Sont plus stupides que joyeux.
Une musette ravissante
Secoua leur joug routinier,
Et la liberté renaissante
Daigna sourire au chansonnier.

Quand Momus de sa lyre antique
Retrouve et la verve et le son,
A sa frivolité gothique
On veut rabaisser la chanson.
Ah ! sans craindre le sort d'Icare,
Du Pinde cherchez les sentiers,
Et songez qu'Horace et Pindare
Comme vous étaient chansonniers.

MARCILLAC.

LE DESSERT EN FAMILLE.

Air : *En revenant de Bâle en Suisse.*

Disparaissez, on vous l'ordonne,
Rôtis pompeux, fins entremets ;
Ici Bacchus, Flore et Pomone
Doivent seuls régner désormais.
  On rit, on babille ;
  Le cœur est ouvert,
  Et la gaîté brille
  Au moment du dessert.

Voyez, quand un dîner commence,
Souvent on ne se connaît pas ;
Mais sans peine on fait connaissance :
Et, quand vient la fin du repas,
  On rit, on babille, etc.

A raisonner chacun s'applique,
Tous ensemble et non tour à tour ;
Tout haut on parle politique :
Et tout bas on parle d'amour :
  On rit, on babille, etc.

C'est du Champagne qu'on apporte,
Chacun va dire sa chanson ;
On chante juste ou faux, n'importe,
Le plaisir est à l'unisson :
  On rit, on babille, etc.

Voyez cette jeune innocente
Buvant de l'eau ne disant mot,
A ce vin mousseux qui la tente
Elle cède, en boit, et bientôt

Elle rit, babille,
Son cœur est ouvert,
Et sa gaîté brille
Au moment du dessert.

Étrangère à la gourmandise
Indifférente aux grands repas,
Lise d'un peu de friandise,
En secret ne se défend pas :
Elle rit, babille, etc.

Dans un amoureux tête à tête
Que cet instant est précieux !
Ah ! quelle ivresse ! ah ! quelle fête !
Qu'avec joie, en attendant mieux,
On rit, on babille,
Le cœur est ouvert,
Et la gaîté brille
Au moment du dessert.

Nous, qu'un joyeux délire excite,
Et dont Momus dicte les chants,
Mes bons amis, dînons bien vite;
Mais au dessert restons longtemps :
On rit, on babille,
Le cœur est ouvert,
Et la gaîté brille
Au moment du dessert.

RADET.

LA FIN DU MONDE.

Air : *Aimé de la belle Ninon.*

Saint Antoine et son compagnon,
Saint Roch, son chien, Loth et ses filles,
Par les pères de la chanson
Virent illustrer leurs familles.
Si depuis la création
On chansonna tout à la ronde,
Moi, pour ma récréation,
Je vais chanter la fin du monde.

Vous le savez, mes chers amis,
Par la vertu de ses lunettes,
Certain grand homme, dans Paris,
Dirige le cours des comètes;
Inspiré par Mathieu Lænsberg,
Sur lequel son savoir se fonde,
De temps en temps cet homme expert
Renouvelle la fin du monde.

D'après ces calculs effrayants
A tant de dangers il nous livre,
Que nous ne vivrons pas longtemps,
Pour peu que Dieu le laisse vivre.
Il menace soir et matin
Notre pauvre machine ronde;
Et je ne vois plus que sa fin
Pour empêcher la fin du monde.

On s'en souvient : le vingt-cinq mai,
Par un décret astronomique,
De notre globe consumé
Nous devions voir la fin tragique;
La veille de ce jour sans fin
La terreur était sans seconde;
Mais personne, le lendemain,
Ne crut plus à la fin du monde.

Rassurons-nous ; malgré Mathieu,
Malgré Jérôme et ses lunettes,
Cet accident-là n'aura lieu,
De longtemps, que dans les gazettes.
Dans la ville et dans les faubourgs
Les deux sexes, sans qu'on en fronde,
Travaillent trop bien tous les jours
A retarder la fin du monde.

Si pourtant nous voyions un jour,
Par des changements salutaires,
Régner la constance en amour,
La bonne foi dans les affaires;
S'il faut chez les gens délicats
Qu'avec l'or le crédit abonde,
O mes amis ! n'en doutons pas,
Ce sera bien la fin du monde.

Vieillard.

LA QUICHE,

ou

LA GALETTE DE LORRAINE.

CHANSON.

Air : *Mais dis-moi, mon frère Jean Pierre.*

I.

D'une galette je suis riche ;
C'est un trésor assurément :
Puisque j'ai trouvé dans la *Quiche*
Un véritable talisman.
Ma Quiche pleine d'éloquence,
Me dit, un jour : sois sans effroi,
    Ton opulence
    Dépend de toi...

(Parlant).
A ces paroles, le couteau qui allait couper la pauvre *Quiche* en quatre, me tomba des mains ! Heureux mortel, ajouta-t-elle, apprends qu'un génie plus puissant, que la fée *Mignonne*, (c'est mon nom), m'avait renfermée dans un œuf de poule, où je ne pouvais rien ; mais un honnête pâtissier ayant brisé ma prison, m'a introduite, après m'avoir bien battue, dans cette Quiche dorée, où j'ai enfin recouvré la parole ; c'est peu sans doute, c'est beaucoup pour ton bonheur ; je parle, je parle, je parle, au moins aussi bien qu'un orateur célèbre, et je connais sans mentir...

Certains avocats de la France
Qui sont plus galettes que moi.

II.

Je voudrais, ma chère petite,
Repris-je, me sentant plus vain,
Posséder assez de mérite
Pour devenir grand écrivain.
Les beaux vers font tourner les têtes ;
J'en ferai de meilleur aloi,
  Si tu me traites
  Comme tu doi...

Du mérite pour faire des vers ! s'écria la Quiche ; folie ! Depuis que Racine et Voltaire sont tombés dans l'eau, il suffit de rimer des paroles, de laisser courir sa plume : de grands mots, de longues phrases, de l'obscurité, du front et des amis aux journaux, tu seras loué, renommé, porté au ciel...

Nous avons de fameux poëtes,
Qui sont plus galettes que moi !

III.

Dans ce cas, je voudrais, Mignonne,
Vers les arts prenant mon élan,
Mériter la noble couronne
Qu'au théâtre obtient le talent.
La belle musique a son code ;
De l'Opéra je serai roi,
  Si ma méthode
  Y fait la loi.

Est-il simple et crédule ! reprend la Quiche aussitôt : de la belle musique, un vrai talent ! ce n'est plus cela : il faut aujourd'hui remplacer la mélodie par des motifs bizarres, l'harmonie par du bruit. Tu veux être un grand musicien; fais comme tant d'autres : mets dans ton orchestre des cloches, des trompes, des trombonnes, des tambours, des canons... Voilà comme on fait du neuf, du sublime ! Le génie se mesure au fracas, le succès au tintamarre, et il existe certainement de nos jours...

Des compositeurs à la mode,
Qui sont plus galettes que moi.

IV.

Mignonne, j'écarte le prisme
Qui flattait mon ambition ;
Je me dévoue au journalisme :
Eclairer, quelle mission !
Point d'erreurs, d'attaques bien tristes ;
O vérité, deviens la loi
    Des publicistes
    De bonne foi...

Bernique ! répond la Quiche avisée. Tu me fais l'effet avec ta vérité d'un homme qui tombe des nues... Il y a vérité et vérité, comme il y a moutons et moutons. Apprends que, pour réussir, il faut être dans l'opinion de son intérêt, dans l'intérêt de sa couleur, dans la couleur d'un parti, et dans le parti qui triomphe ; le reste n'est rien. L'homme n'aime que les raisonnements qui le flattent, les événements qu'il espère, les succès qu'il désire, les progrès qu'il attend ; c'est délire, absurdité, fanatisme ; mais vous êtes ainsi faits. Je te guiderai, je t'instruirai, tu auras la vogue ; ce n'est pas difficile...

Je sais beaucoup de journalistes
Qui sont plus galettes que moi.

V.

Pour vivre heureux et sans reproches,
Adieu tous projets exigeants.
— Mon bon ami, fais des brioches,
Comme en font tant d'honnêtes gens.
— C'en est fait, j'épouse ma blonde,
— Voilà justement ton emploi :
    L'hymen abonde
    De biens pour toi.

Finis comme Gilblas, mon ami : Marie-toi, et tu seras infiniment heureux. Moi, ta Quiche fidèle, je serai de la nôce, je figurerai au repas, et pour que le mariage et la Quiche ne te pèsent pas trop sur l'estomac, je me ferai tendre comme ta femme, légère comme tes serments ; c'est beaucoup dire !... Et tu me conserveras dans ton ménage comme un type de résignation, d'harmonie et de bonté conjugales, car, en fait de galette, mon ami...

Les plus heureux maris du monde
Sont aussi galettes que moi !

E. DE PRADEL.

RELAN TAMPLAN, TAMBOUR BATTANT.

Air : *des Héros.*

Je veux, au bout d'une campagne,
Me voir déjà joli garçon ;
Des héros que l'on accompagne,
On saisit l'air, on prend le ton :
Des ennemis, ainsi qu' des belles
On est vainqueur on l's'imittant.
  Et r'li, et r'lan,
On prend d'assaut les citadelles,
Relan tamplan, tambour battant.

Braves garçons que l'honneur mène,
Prenez parti dans Orléans ;
Not' coronel, grand capitaine,
Est le patron des bons vivants.
Dam' il fallait le voir en plaine
Où le danger était l' plus grand.
  Et r'li, et r'lan.
Lui seul en vaut une douzaine,
Relan tamplan, tambour battant.

Nos officiers dans la bataille
Sont pêle-mêle avec nous tous :
Il n'en est point qui ne nous vaille,
Et les premiers ils sont aux coups.
Un général, fut-il un prince,
Des grenadiers, se met au rang,
  Et r'li, et r'lan,
Fond sur l' s'enn'mis et vous les rince,
Relan tamplan, tambour battant.

Vaillant et fier, sans arrogance,
Et respecter ses ennemis ;

Brutal pour qui fait résistance,
Honnête à ceux qui sont soumis;
Servir le pays et les dames:
Voilà l'esprit du régiment.
  Et r'li, et r'lan,
Nos grenadiers sont bonnes lames,
Et vont toujours tambour battant.

Viens vite prendre la cocarde;
Du régiment quand tu seras,
Avec respect j' veux qu'on te r'garde:
Le prince est l' chef, et j' sons les bras
Par le courage on se ressemble;
J'ons même cœur et sentiment.
  Et r'li, et r'lan,
Droit à l'honneur j'allons ensemble,
Relan tamplan, tambour battant.

La jeune Agnès devint ma femme;
J'étais le maître à la maison.
Au bout d'un mois, changeant de gamme,
Elle fut pire qu'un dragon.
Pauvres époux, voyez ma peine;
Si je m'échappe un seul instant,
  Et r'li, et r'lan,
Relan tamplan elle me mène,
Relan tamplan, tambour battant.

Quand un mari fait bon ménage,
Que de sa femme il est l'amant,
Frauder ses droits est un outrage,
Que l'on excuse rarement.
S'il va courir la prétentaine,
Ne peut-on pas en faire autant?
  Et r'li, et r'lan,
Relan tamplan on vous le mène
Relan tamplan, tambour battant.
FAVART.

SÉGUÉDILLE (Chanson Espagnole).

Air *du Désert*.

Ma brune Emma, ma belle idole,
J'aime à te voir coquette et folle
    En carnaval,
Lorsque vers minuit tu t'habilles,
Lorsque tu froisses des mantilles,
    Et des résilles,
Et de frais costumes de bal.

Lorsque, rebelles à l'écaille,
Tes cheveux roulent sur ta taille
    Leur flot changeant,
Lorsque ta basquine écarlate
Sous la dentelle noire éclate
    Et que l'agathe
Retient ta ceinture d'argent.

A te voir, je rêve... — Il me semble
Que tous deux nous vivons ensemble
    Bien loin d'ici,
Sous un ciel toujours sans orage,
Et qu'à nos amours de passage,
    Rêveuse plage,
La belle Grenade offre un nid.

Non pas la Grenade aux alcades,
Aux crucifix, aux sérénades,
    Aux fracs étroits ;
Non la Grenade des profanes...
Mais la ville des musulmanes
    Et des sultanes,
Mais la Grenade d'autrefois.

— Je suis calife et toi sultane,
On t'a prise aux bords de Catane,
  O mon Emma !
L'or mobile des arabesques
Brode le Koran sur tes fresques ;
  Et des Mauresques
Font de ta chambre un Alhambra.

Des parfums brûlent dans des vases,
Tes bras s'étoilent de topazes
  Et de corail ;
Tes pieds nus foulent sur l'arène
Les blancs tapis de Mitylène,
  Je te fais reine
De mon cœur et de mon sérail.

Je t'appelle... tu viens, joyeuse,
Poser sur ma robe soyeuse
  Ton front voilé,
Et dans cette charmante pose
Je vois comme une fleur éclose
  Ta lèvre rose
Baiser le bout du narguilé.

— Mais vite au bal ! la foule augmente,
Pour tous sois coquette et charmante
  Jusqu'au matin ;
Et le matin, bonheur suprême !
A mon tour tu verras si j'aime
  Briser moi-même
Ta frêle prison de satin.

      Armand BARTHET.

UN VOEU.

Air : *Le ciel s'assombrit.*

Partons, gais matelots,
Voyez, là-bas, l'Aurore
En s'éveillant colore
Et les cieux et les flots,
Et notre voile blanche
S'enfle au vent, et se penche,
Se mirant dans les eaux.

   Amis, courage,
   Car du rivage
   On nous suivra,
   Et cette terre,
   Mère si chère,
   Nous reverra.

Mais le ciel s'assombrit,
La nue éclate et gronde
Et le combat de l'onde
En échos retentit ;
Et la vague en tourmente
Se dresse menaçante,
Le vent siffle et mugit.

   A la madone
   Notre patrone
   Faisons un vœu ;
   Pour qui la prie,
   Soudain, Marie
   Rend le ciel bleu.

Gais matelots, buvons,
Faisons joyeuse fête,
Oublions la tempête
Puisque nous survivons;
Souvenir est folie,
Notre philosophie
Doit être en des chansons !

Que l'on s'empresse,
Versez sans cesse
De ce bon vin,
Coule en mon verre,
Liqueur si chère,
Présent divin !

Mais quoi? qu'ai-je entendu?
Jeanne ma fiancée
De mort est menacée;
Moi qui lui suis rendu,
Au milieu de l'ivresse
J'oubliais ma promesse,
Mon Dieu ! je suis perdu !

Dans la tourmente,
L'âme tremblante
J'implorai Dieu,
Mais il s'irrite,
Acquittons vite
Notre saint vœu!

Charles SAFFRAY.

Nancy, imp. de Hinzelin et Cie.

LE SOUS-OFFICIER DES HUSSARDS.

Air : *Ah ! st ! madame me voyait.*

Mam'zell', vous r' souv'nez-vous du jour
Oùsqu'au bal, dans un' contredanse,
Comptant sur votre complaisance,
Sans façons, j' vous parlai d'amour?
Vous faisiez d'abord la cruelle,
Mais en digne fils du dieu Mars,
Je vous jurai flamme éternelle,
Foi d' sous-officier des hussards.

Quand j' servais dans la troupe à pié,
J' n'étais pas fort sur les manières;
C' n'était jamais qu'aux cuisinières
Que je parlais d' mon amitié.

ENCYCLOPÉDIE CHANTANTE. 6

Aujourd'hui qu' dans la caval'rie
Du trépas j'affront' les hasards,
Je veux vous consacrer ma vie,
Foi d' sous-officier des hussards.

A pied comme à ch'val, j'ai toujours
Sur mes pas fixé la victoire,
Car les dam's sont pour que la gloire
Serve d'ornement aux Amours.
Ne craignez rien, mademoiselle,
Quand je r'joindrai mes étendarts,
Sauf les boulets, j' vous s'rai fidèle,
Foi d' sous-officier des hussards.

Oui, j'en jure sur mon honneur,
Ah! trop séduisante lingère,
La bonn' d'enfant, la vivandière,
Ont perdu leurs droits sur mon cœur.
J' n'avais qu' dix francs pour tout potage,
Je viens d'ach'ter ces deux foulards...,
D' mon serment, j' vous les donn' pour gage,
Foi d' sous-officier des hussards.

Adolphe CATELIN.

L'AMANTE ABANDONNÉE.

Air : *De mon Berger volage.*

Une jeune bergère,
Les yeux baignés de pleurs,
A l'écho solitaire
Confiait ses douleurs :
Hélas ! loin d'un parjure
Où vais-je recourir ?
Tout me trahit dans la nature,
Je n'ai plus qu'à mourir.

Est-ce là ce bocage
Où j'entendais sa voix ?
Ce tilleul dont l'ombrage
Nous servit tant de fois ?
Cet asile champêtre
En vain va refleurir :
O doux printemps, tu viens de naître,
Et moi je vais mourir !

Que de soins le perfide
Prenait pour me charmer ;
Comme il était timide
En commençant d'aimer !
C'était pour me surprendre
Qu'il semblait me chérir :
Ah ! fallait-il être si tendre
Pour me faire mourir !

Autrefois sa musette
Soupirait nos ardeurs ;
Il parait ma houlette
De rubans et de fleurs.
A des beautés nouvelles
L'ingrat va les offrir,
Et je l'entends chanter pour elle
Quand il me fait mourir !

Viens voir couler mes larmes
Sur ce même gazon,
Où l'amour par ses charmes
Egara ma raison.
Si dans ce lieu funeste
Rien ne peut t'attendrir,
Adieu, parjure : un bien me reste,
C'est l'espoir de mourir.

Un jour viendra, peut-être,
Que tu n'aimeras plus ;
Alors je ferai naître
Tes regrets superflus ;
Tu verras mon image,
Tu m'entendras gémir ;
Tu te plaindras, berger volage,
De m'avoir fait mourir !

LÉONARD.

LA CONVALESCENCE.

POÉSIE.

Enfin de la convalescence
Dieu vous fait goûter les instants;
C'est une nouvelle naissance
Qui, source de réjouissance,
Éclate au retour du printemps.
La terre a repris sa parure,
La santé vous rend ses couleurs;
Le vallon s'orne de verdure,
Vous souriez parmi les fleurs.

Du rossignol sous la feuillée
Pendant que la voix réveillée
Se marie au bruit des ruisseaux,
La vôtre, à tant de joie unie,
Déjà, sous de plus frais berceaux,
Essaie une heureuse harmonie,
De qui la douceur infinie
Suspend le concert des oiseaux.

Oh! comme au sortir de la peine
On ressent bien mieux le plaisir!
Un Crésus, blasé, sans désir,
Dans sa mollesse vit à peine;
Mais voyez-vous ce prisonnier
Dont l'effort a brisé la chaîne?
Voyez-vous ce fier nautonnier
Qui, vainqueur de l'onde inhumaine,
Sur le vaisseau qui le ramène
Atteint le port hospitalier?

Regardez cette bonne mère
Qui, dans les caresses d'un fils,
Peut d'une absence trop amère
Oublier les cruels soucis!

Quelle ineffable et sainte ivresse
Inonde à la fois tous leurs sens !
Quelle peinture enchanteresse
Nous offre la vive allégresse
De ces transports reconnaissants !

Ainsi, l'âme, après la souffrance,
Après maint rêve suborneur,
Gaîment se rouvre à l'espérance
Et s'épanouit au bonheur ;
Elle embrasse avec assurance
Un avenir consolateur,
Un jour plus radieux s'écoule ;
Du colombier l'hôte roucoule
Un son plus rempli de candeur ;

Plus sémillante est l'hirondelle,
Qui, revenue au rendez-vous,
A retrouvé son nid fidèle ;
De la beauté riant modèle,
La rose a des parfums plus doux ;
La violette a plus de grâce,
Et son odeur laisse une trace,
Délice du zéphyr jaloux.

C'est peu : tandis que la nature,
Pour l'être sauvé du tombeau
Se revêt d'un charme nouveau,
Notre existence encor s'épure :
Le monde semble moins méchant ;
Malgré son odieux penchant,
Le fourbe devient plus traitable,
L'avare est plus compatissant,
La prude un peu moins irritable,
Le médisant plus charitable,
Et le pédagogue amusant.

    Albert MONTÉMONT.

L'IMPROVISATEUR,

PEINT PAR LUI-MÊME.

BOUTADE.

—

Air : *Quand un jeune homme.*

V'là l'métier d'improvisateur :
J'suis à la fois auteur, chanteur, acteur,
Bouts-rimés, couplets, scèn', selon le goût,
Faut faire un peu d'tout.

Tragédie, drame,
Quand l'sujet est pris,

J'fais et j'déclame
Des vers à tout prix.
　Je m'promène,
　Je m'démène,
En vrai loustic d'Melpomène.
　Je m'promène,
　Je m'démène,
　Dans mon jeu
　On n'voit qu' du feu.
V'là l'métier, etc.

C'Racin' qu'on r'nomme
N'était qu'un bêta ;
Chaqu' vers d'cet homme
Deux jours lui coûta.
　De son moule
　Mon vers coule ;
Par centain' j'vous en roucoule.
　De son moule
　Mon vers coule,
　Qu'ça fait peur,
　Comm' la vapeur.
V'là l'métier, etc.

On cri' merveilles !
J'vois s'pâmer l'public,
Qu'est tout oreilles,
Et n'comprend pas l'clic.
　Vers sans m'sure,
　Sans césure,
Ça pass' grâce à la frisure.
　Vers sans m'sure,
　Sans césure,
　A gogo,
J'lui donne d'l'Hugo.
V'là l'métier, etc.

Sûr que d'l'histoire
A peine on s'souvient,
Dans ma mémoire
J'prends l'temps comme il vient.
　　Au théâtre,
　　Cléopâtre,
J'la fais maîtress' d'Henri IV;
　　Au théâtre,
　　Cléopâtre,
　　De chagrin
Se noi' dans l'Rhin.
V'là l'métier, etc.

L'public qu'est drôle,
Ne s'aperçoit pas,
Qu' dans plus d'un rôle
Il m'manqu' quelqu's appas.
　　J'fais la belle,
　　La rebelle,
Quand j'jou' la reine Isabelle;
　　J'fais la belle,
　　La rebelle,
　　J'suis Gotton
Jusqu'au menton.
V'là l'métier, etc.

Vain'ment ils doutent,
L's'auditeurs charmés
S'rend', s'ils m'écoutent,
Dans mes bouts-rimés.
　　J'veux qu'on morde
　　Quand j'accorde
Hall'barde et miséricorde.
　　J'veux qu'on morde
　　Quand j'accorde

Un mot d'chien
Qui n'rime à rien.
V'là l'métier, etc.

L'couplet arrive;
C'est là l'tremblement.
D'une allur' vive
J'press' l'accouplement.
 Ferme au poste,
 J'cours la poste,
J'suis tout prêt à la riposte.
 Ferme au poste
 J'cours la poste;
 Un peu d'bruit
 Ça vaut d'l'esprit.
V'là l'métier, etc.

 Si sur c'te terre
 Je n'm'vois pas d'autel;
 J'crois comm' Voltaire
 Dev'nir immortel;
 Mais c'qui m'pique,
 Moi l'unique,
Faudra peut-être que j'abdique;
 Mais c'qui m'pique,
 Moi l'unique,
 Mon trône est
 Pour l'autr' qui naît.

V'là l'métier d'improvisateur.
J'suis à la fois auteur, chanteur, acteur,
Bouts-rimés, couplets, scèn', s'lon l'goût,
Faut faire un peu d'tout.

E. DE PRADEL.

MAITRESSE AU LOGIS.

Air : *Je loge au quatrième étage.*

UNE PETITE FILLE.

On dit que j'suis une *gamine*...
Tant pis ! tiens... moi, j'veux m'amuser !
Si l'on me trouve trop lutine,
Je sais l'bon moyen d'm'excuser :
J'embrasse à pincett's petit père,
A maman gentiment j'souris ;
Alors, j'puis tout dire et tout faire,
Je suis la maîtresse au logis.

UNE DEMOISELLE.

J'ai seize ans... ma candeur naïve
Attire et séduit tous les cœurs,
Mon babil ingénu captive,
Enchante tous mes auditeurs.
Si je voulais en mariage
Ce monsieur aux gros favoris,
Je l'aurais bien vite, je gage...
Je suis la maîtresse au logis.

UNE JEUNE FEMME.

Alfred fait tous les sacrifices
Pour me prouver sa passion,
Il satisfait tous mes caprices,
Il m'aime à l'adoration.
Cher époux !... Point de négligence
Dans des devoirs si bien remplis.
Je te mettrais en pénitence,
Je suis la maîtresse au logis.

UNE FEMME DE 40 ANS.

Beaux yeux, chevelure d'ébène,
Appas fortement accusés,
Taille élancée et port de reine
Sont des charmes toujours prisés.
Chez moi la raison seule est mûre,
Vingt amants, mon mari compris,
Vantent mon esprit, ma tournure...
Je suis la maîtresse au logis.

UNE FEMME DE 60 ANS.

Tudieu! redoutez ma colère,
Enfants, gendres, petits-enfants!
Que l'on s'étudie à me plaire...
J'ai déjà fait six testaments.
Excepté pour ma riche tante,
Mes chats et mes *toutous* chéris,
Et ma coquine de servante,
Je suis la maîtresse au logis.

ÉPILOGUE.

L'AUTEUR A CES DAMES.

Je n'ai point de petite fille,
Et je n'ai pas fixé le choix
D'une jouvencelle gentille,
Qui d'hymen me donnât les droits.
Vieille grand'mère ou jeune femme,
N'habitent point sous mes lambris;
Pourtant, bien des fois, sur mon âme,
J'ai trouvé maîtresse au logis.

C. FOURNIER.

Pourquoi je suis Garçon.

Air : *Je loge au quatrième étage.*

J'aimerais bien le mariage ;
Mais on m'a souvent répété :
« Aussitôt que l'hymen l'engage,
L'homme n'a plus sa liberté ;
Se forgeant lui-même une chaîne,
Il n'a de paix dans sa maison
Qu'autant que sa femme le mène. »
Voilà pourquoi je suis garçon.

Heureux époux, près de vos femmes
Vous goûtez des plaisirs charmans ;
Unissant vos cœurs et vos âmes,
L'Amour embellit vos instans.
Mais, grâce à l'Hymen, trop propice,
S'il vous arrive un rejeton,
Vous payez les mois de nourrice.
Voilà pourquoi que je suis garçon.

Si l'on prend femme, il faut qu'on l'aime ;
L'Hymen veut que l'on soit constant ;
Mais adorer toujours la même,
Ce bonheur est-il amusant ?
L'Amour est bien meilleur apôtre ;
Et lorsqu'on suit ce dieu fripon,
Aujourd'hui l'une, et demain l'autre.
Voilà pourquoi je suis garçon.

Sur mon carré, j'ai ma voisine ;
Cette voisine a son cousin ;

Ce cousin vient voir sa cousine
Pendant l'absence du voisin.
On s'enferme sous la serrure...
Et le pauvre époux, sans soupçon,
De Vulcain porte la coiffure.
Voilà pourquoi je suis garçon.

Pour une vertu sans égale,
Lise passait dans son quartier;
Avec cette jeune vestale
Dumont vient de se marier;
Trop tard il connaît que la belle
Eût dû mettre devant son nom
Madame, et non mademoiselle.
Voilà pourquoi je suis garçon.

Quand la chaîne était trop pesante,
Aux époux las de la porter,
Une loi sage et fort prudente
Leur permettait de la quitter;
Ces liens ont repris leur force;
Après oui on ne dit plus non;
Le Code proscrit le divorce.
Voilà pourquoi je suis garçon.

A LA FEMME QUE J'AURAI.

O toi, ma gentille future,
Si jamais tu lis ces couplets,
Ne vas pas croire que j'abjure
Des nœuds sans doute pleins d'attrait.
D'un sexe aimable que j'adore
Si je médis dans ma chanson,
Je ne te connais pas encore.
Voilà pourquoi je suis garçon.
ROUTIER.

UN ANGE ENDORMI.

ROMANCE.

Onde trop fugitive,
Coule plus lentement;
Oiseaux, sur cette rive,
Chantez plus tendrement.

Au fond de la prairie,
Au murmure des eaux,
La charmante Marie
Se livrait au repos;
J'approche, et son visage,
Où siége la candeur
M'offre la douce image
Du calme de son cœur.
    Onde trop fugitive, etc.

Amour, que d'heureux songes
Enchantent son sommeil;
Par de rians mensonges
Embellis son réveil;
De mon heureuse ivresse
Vante lui la douceur!
Dis-lui que sans tendresse
Il n'est pas de bonheur.
    Onde trop fugitive, etc.

Mais dans l'épais ombrage
Perce un rayon du ciel;
A travers le feuillage
O fortuné mortel!
Je la vois y sourire;
Puis, calme et recueilli,
Cet ange à qui j'aspire,
Soudain s'est endormi!
    Onde trop fugitive, etc.

Dieu, pour moi quelle extase
Et quel feu me saisit!
La volupté m'embrase,
Tout mon cœur s'amollit!
Mon amour, de ta flamme
Entoure ses appas;
Oui, pénètre son âme,
Mais ne l'éveille pas!

Onde trop fugitive
Coule plus lentement;
Oiseaux, sur cette rive,
Chantez plus tendrement.
A. D'ALBANES.

Nancy, imp. de Hinzelin et Cie.

C'EST LE BON DIEU
QUI LE PUNIT.

Air : *De sommeiller encor, ma chère.*

A tromper les filles, les femmes,
Tel garçon trouve du plaisir ;
Riant du chagrin de ces dames,
Il appelle cela jouir.
Mettant un terme à la folie,
Et blâmant les plaisirs qu'il prit,
Le garçon un jour se marie :
C'est le bon Dieu qui le punit. (*bis.*)

Il est certain millionnaire,
Que je connus bien pauvre : hélas !
C'était un fort joyeux compère,
Faisant honneur à nos repas.
Mais devenu plein d'arrogance,
Il est triste et sans appétit,
Il regrette son indigence :
C'est le bon Dieu qui le punit.

Rose, charmante en sa jeunesse,
Rose avait maint adorateur ;
Mais, insensible à la tendresse,
Rien ne put amollir son cœur ;

ENCYCLOPÉDIE CHANTANTE.

Aujourd'hui vieille, insupportable,
En tous lieux c'est à qui la fuit;
Rose est laide enfin comme un diable,
C'est le bon Dieu qui la punit.

Un huissier de ma connaissance
M'avait saisi plus d'une fois;
C'était un homme d'importance,
Connu par ses nombreux exploits;
Ne pouvant acquitter la somme
D'un billet que naguère il fit,
A son tour on saisit mon homme :
C'est le bon Dieu qui le punit.

Pour les autres des plus sévères,
Mais pour lui des plus indulgens,
Certain auteur de ses confrères
Dit du mal à tous les instants;
En leur parlant il les persiffle,
De leurs chutes le méchant rit;
Lui-même à son tour on le siffle :
C'est le bon Dieu qu. le punit.

Tel docteur qui se dit habile,
Fait son éloge à tout propos,
A ses avis est-on docile?
On va vite au champ du repos.
Je pourrais citer à la ronde
Tout ce que dans ce genre il fit;
Lui-même il part pour l'autre monde :
C'est le bon Dieu qui le punit. (*bis*.)

M. COUPART.

L'ANCIENNE FIÈVRE.

Air : *Jeunes amants, cueillez des fleurs.*

Par combien de maux différents
Le sort trouble notre existence !
Hommes, femmes, vieillards, enfants,
Tous ont leurs chagrins, leur souffrance
Mais sans ces maux il en est un
Dont l'influence est infinie ;
La fièvre toujours de chacun
Fut la secrète maladie.

Ah ! qu'il est beau pour un grand cœur
D'avoir la fièvre de la gloire !

C'est par sa fièvre qu'un auteur
S'inscrit au temple de mémoire.
On voit peu d'hommes ici-bas
Avoir la fièvre du génie ;
Mais on en voit beaucoup, hélas !
Avoir la fièvre de l'envie.

Pour les femmes il est encor
Des fièvres de maints caractères ;
Quelquefois fièvres à transport,
Plus souvent fièvres éphémères.
On soigne avec empressement
Celles que le printemps leur donne ;
Mais on s'amuse rarement
A traiter leurs fièvres d'automne.

Suivant l'âge, l'esprit, le cœur,
La maladie est dangereuse :
La vieille a la fièvre d'humeur,
La jeune, la contagieuse ;
La bénigne est pour l'âme en paix,
Pour l'âme jalouse l'aiguë ;
Coquette, on a celle d'accès,
Sensible, on a la continue.

Il est un autre mal enfin
Qui jamais ne va sans délire,
Fièvre qu'on veut guérir en vain,
Fièvre d'amour, c'est assez dire ;
Mais, après maint redoublement,
Heureux, dans l'hiver de la vie,
Qui conserve un ressentiment
De cette douce maladie.

     Constance PIPELET.

LE CARNAVAL.

Air nouveau.

Voici le temps de la folie :
Avenir, passé, tout s'oublie
A ces accents joyeux et doux ;
Pour vous mêler à nos quadrilles,
Jeunes femmes et jeunes filles,
    Déguisez-vous.

Déguisez-vous... Mais prenez garde
Que tout homme qui vous regarde
Y trouve encor quelques dangers,
Et veillez bien que votre robe
Sous ses plis trop longs ne dérobe
    Vos pieds légers.

Déguisez-vous.. Mais qu'on devine
Qu'il est une forme divine
Sous les pittoresques contours
D'un costume laissant paraître
La taille souple qui fait naître
  Pensers d'amour.

Déguisez-vous... Mais votre bouche
Que rien ne la couvre ou ne touche
Au vif éclat de sa fraîcheur ;
Que rien ne cache le sourire
Où l'homme qui vous voit respire
  Tant de bonheur.

Déguisez-vous... Oh! mais encore
Votre regard, brillante aurore,
Qui de l'amour ouvre les cieux,
C'est votre plus belle parure :
Ne cachez pas, je vous conjure,
  Vos jolis yeux.

Déguisez-vous... Mais que l'on voie
Que vous êtes femmes : la joie
Vient de vous, comme le bonheur.
Déguisez-vous... Mais à notre âme
Ne cachez pas la douce flamme
  De votre cœur !

Voici le temps de la folie :
Avenir, passé, tout s'oublie
A ces accents joyeux et doux ;
Pour vous mêler à nos quadrilles,
Jeunes femmes et jeunes filles,
  Déguisez-vous.

BLAZEVILLE.

LES FLEURS.

Air : *du vaudeville du Jaloux malade.*

En vain j'ai cherché votre emblème.
Vous tenez de toutes les fleurs ;
Vous êtes celle que l'on aime,
Celle qui plait par ses couleurs ;
Sous la neige humble primevère,
Brillante rose du printemps ;
Qu'aura donc l'immortelle à faire,
Si vous régnez dans tous les temps ?

Je vous trouve une ressemblance
Avec chaque arbuste odorant ;
Mais vous avez plus de tendance
Vers cet acacia piquant ;
On est séduit par sa tournure,
On est charmé par sa fraîcheur ;
Mes amis, gare la piqûre !
Mais, surtout, gare à votre cœur !

Vous avez de la tubéreuse
Le port et l'éclat enchanteur ;
Mais vous différez : l'orgueilleuse
Porte à la tête, et vous au cœur.
La violette, en parallèle,
Me présente un rapport plus doux :
Vous êtes modeste comme elle,
On la recherche comme vous.

LES INVENTIONS,

PETITE REVUE DE GRANDES CHOSES.

—

Air de la Treille de sincérité.

Mon ayeul, cervelle profonde,
Docteur savant, au front chenu,
Est, l'autre soir, de l'autre monde,
Pour me visiter revenu ;
A peine l'ai-je reconnu.
Mon fils, dit-il, je viens apprendre
Si ton siècle a, par un barbon,
Des choses dignes de surprendre,
De charmer un revenant bon.
    Le temps provoqué
      Chaque époque,
  A prouver sa fécondité,
  Et l'homme a toujours inventé.

Le vieux grand père, à face blême,
Maigre et perché sur deux fuseaux,

M'effraya ; mais c'était lui-même,
Un linceul collé sur les os ;
Vous venez, lui fis-je, à propos :
On teindra vos poils incolores ;
Bras, mollets, ventre, on en bâtit ;
Vous aurez des dents osanores...
—Me rendra-t-on mon appétit ?
  Le temps provoque
   Chaque époque,
 A prouver sa fécondité,
 Et l'homme a toujours inventé.

Cher ayeul, le briquet chimique
Remplace un silex attristant.
Par le télégraphe électrique,
De Paris à Rome on s'entend,
En tous lieux ce mode s'étend.
Le bitume en épaisses lames
Se fait doux sous un pied joli...
—Mais vous fumez au nez des dames,
Ce qui me paraît moins poli.
  Le temps provoque
   Chaque époque,
 A prouver sa fécondité,
 Et l'homme a toujours inventé.

Cher ayeul, voyez l'éclairage
Que projette un gaz lumineux ;
Cette merveille de notre âge
Prévient les accidents vineux,
Et n'est pas d'un prix ruineux.
Voyez... Mais quel bruit frappe, étonne
Du logis les habitués ?
—J'entends : c'est le gaz qui détonne,
Et trois malheureux sont tués.
  Le temps provoque
   Chaque époque

A prouver sa fécondité,
Et l'homme a toujours inventé.

Cher ayeul, au piéton commode,
Du fiacre écartant les abus,
Ce grand étui, cher à la mode,
A de précieux attributs ;
C'est ce qu'on nomme un omnibus.
Par douzaine au moins on vous roule
Dans Paris, moyennant six sous.
— Oui, hier, de la Bastille au Roule,
J'étouffai presque entre deux sous (saouls).
 Le temps provoque
  Chaque époque
 A prouver sa fécondité,
 Et l'homme a toujours inventé.

Cher ayeul, est-il un prodige
Plus beau, plus grand que la vapeur ?
En droite ligne on vous dirige,
En se riant du flot trompeur,
Jusqu'en Chine même et sans peur.
— Mon fils, c'est très-bien ; mais écoute :
De New-York délaissant le quai,
Je suis resté deux mois en route...
Le charbon nous avait manqué.
 Le temps provoque
  Chaque époque
 A prouver sa fécondité,
 Et l'homme a toujours inventé.

Cher ayeul, quel mal peut-on dire
Du spectacle à nos yeux offert ?
Quel succès immense à prédire
Aux rapides chemins de fer,
Où l'on vous mène un train d'enfer.
— Bien ; mais un voyageur ingambe

L'autre jour grimpant au fourgon,
Sur le rail a laissé sa jambe
Prise au marche-pied d'un wagon.
　　Le temps provoque
　　Chaque époque,
　A prouver sa fécondité,
　Et l'homme a toujours inventé.

Cher ayeul, nos modes sont chastes;
Les habits courts, les cheveux lo.
Nous avons des paletots vastes,
Enfin, de larges pantalons
Jusqu'en nos élégants salons.
L'épaisse barbe est à la mode;
Le bon goût doit nous l'imposer...
— Oui, c'est gênant, mais c'est commode..
Pour les peintres qui font poser.
　　Le temps provoque
　　Chaque époque
　A prouver sa fécondité,
　Et l'homme a toujours inventé.

Cher ayeul, quand le soleil passe
Près de nous dans sa majesté,
Avec l'eau chaude on fait la glace
Qui nous manquerait en été,
Et le vin frais est apporté.
De Ruolz la riche industrie
Produit des couverts sans défauts...
— J'entends.. Comme l'argenterie
Maintenant chez vous tout est faux.
　　Le temps provoque
　　Chaque époque
　A prouver sa fécondité,
　Et l'homme a toujours inventé.

Cher ayeul, vous pourrez écrire
Avec des plumes de métal.
La politique, on en peut lire
Trois pieds carrés sur un journal,
Si l'on est assez matinal.
Par une réforme courtoise
Tout port de lettre est bien léger :
Vingt centimes. — Oui, pour Pontoise
Juste aussi cher que pour Alger.
    Le temps provoque
    Chaque époque
  A prouver sa fécondité,
  Et l'homme a toujours inventé.

Cher ayeul, le monde est un gîte,
La vie un rapide courant,
Et comme tout s'émeut, s'agite
Jusqu'à l'heure où l'on va mourant,
Chez nous tout se fait en courant.
Vélocité, c'est la devise
Des artistes, des travailleurs ;
La chanson même s'improvise...
— Les couplets n'en sont pas meilleurs.
    Le temps provoque
    Chaque époque
  A prouver sa fécondité,
  Et l'homme a toujours inventé.
E. DE PRADEL.

JE SUIS TRISTE.

Air : *Commissaire*, etc.

Je suis triste,
Je suis triste ;
L'ennui me suit à la piste.
Je suis triste,
Je suis triste,
En tout,
Partout
Et par goût.

Partisans de la gaîté,
Vous que souvent elle inspire,
M'avez-vous jamais vu rire ?
Avec vous ai-je chanté ?
Sur les genoux de ma mère
Si je pleurais en naissant,
Pour garder mon caractere,
Je veux mourir en pleurant.
    Je suis triste, etc.

Jamais mon esprit épais
N'a rien su dire d'aimable,
Jamais d'un songe agréable
Il n'a connu les attraits :
Les souterrains, les abimes,
Les spectres, les noirs tombeaux,
La mort, le poison, les crimes,
Sont mes rêves les plus beaux.
 Je suis, etc.

Hier aux Variétés
Je me suis laissé conduire ;
Et j'ai vu mes amis rire
Comme de vrais bébétés.
Ce théâtre, sur mon âme,
Ne me donne aucun plaisir ;
Mais un sombre mélodrame
Pourrait bien me convenir.
 Je suis, etc.

Je crois avoir ri pourtant
Le jour de mon mariage ;
Je voyais Rose en ménage.
M'offrir un bonheur constant ;
Car je pensais qu'à mon aise,
Je pourrais, au coin du feu,
Près d'elle, sur une chaise,
Tous les soirs bâiller un peu.
 Je suis, etc.
   Robert-de-Rigoulène.

LAURE A SON PERROQUET.

Air : *du vaudeville de la Somnambule.*

Pour toi la vie est une fête,
Disait Laure à son perroquet ;
Lorsqu'on me défend la toilette,
On te permet d'être coquet ;
Maman te flatte et te caresse,
Dit que rien n'est plus beau que toi.
Jacquot, réponds à ta maîtresse :
N'es-tu pas plus coquet que moi ?

Si je parle à tort par mégarde,
Ou si j'ai raison par hasard,
On m'appelle aussitôt bavarde,
On te permet d'être bavard ;
A t'écouter chacun s'empresse,
On admire un mot dit par toi.
Jacquot, réponds à la maîtresse :
N'es-tu pas plus bavard que moi ?

Lorsque la moindre friandise
S'égare, je ne sais comment,
On m'accuse de gourmandise,
On te permet d'être gourmand ;
Ton appétit même intéresse ;
Et les plus beaux fruits sont pour toi.
Jacquot, réponds à ta maîtresse :
N'es-tu pas plus gourmand que moi ?

Ce qui me déplait davantage
C'est mon aiguille et ma leçon :
Le matin me trouve à l'ouvrage,
Lorsque tu dors sur ton bâton ;
On me reproche ma paresse,
On est toujours content de toi.
Jacquot, réponds à ta maîtresse :
N'es-tu pas plus heureux que moi ?

Ernest DUNANT.

MERVEILLES DE LA NATURE.

Air des Diamants de la couronne.

J'ai toujours aimé les côteaux,
　Les champs féconds, la riante prairie,
　　L'ombre des bois, le bord des eaux,
Des habitants de l'air la douce mélodie,
　　Le silence majestueux
　　D'un lieu solitaire et sauvage,
　　Où des sens l'esprit se dégage
　　Et s'élève jusques aux cieux.

Vous le savez, ô vous, qui me rendiez heu-
　　Du lac Léman, agréable rivage, [reux!
　　Sommets et vallons du Jura,
Des noirs torrents ondes retentissantes,
Gouffres profonds que mon œil mesura,
　　Cavernes, roches menaçantes,
　　Sentiers obscurs, vastes lointains.

　　Tableaux frappants, beautés horribles,
　Qui déplaisez aux vulgaires humains,
　　Et ravissez les cœurs sensibles,
　De vous je me souviens toujours:
Comme l'on se souvient d'une fidèle amie,
　　Qui fit le bonheur de nos jours,
　　Et que la mort nous a ravie.

DAILLANT DE LA TOUCHE.

Nancy, imp. de Hinzelin et Cⁱᵉ.

LE SOLLICITEUR.

1827.

Air : Ah ! dis-moi, mon frère Jean-Pierre.

Cher papa, combien je regrette
Et la maison et le pays;
Moi qui me faisais une fête
De chercher fortune à Paris.
C'est un gouffre, un bruit de tonnerre.
En sortant, gare un crocheteur,
 Gare derrière,
 Gare une pierre,
 J'y meurs de peur.....

Et les charbonniers, les maçons, les cabriolets! On est à tout moment brusqué, poussé, coudoyé, rudoyé, éclaboussé, au milieu d'une cohue épouvantable, et pour peu que vous vouliez vous rebiffer, c'est un coup de fouet, un coup de poing qui vous arrive, sans que vous ayez le temps de......

Montrer du cœur.
Non, papa, je ne veux plus faire
Le métier de solliciteur.

Dans une feuille politique
Mes talents devaient s'exercer;
J'y broche un article critique
Assez piquant pour me lancer.
L'auteur, dans son humeur guerrière,
Vient m'appeler au champ d'honneur;
J'ai l'âme fière,
Et ma rapière
Est de longueur.....

Nous voilà au bois de Boulogne, mesurant, en présence de deux témoins, notre courage et nos épées. Il me porte un coup; je pare, je riposte; mon fer glisse sur sa bretelle. Plus heureux, il m'atteint au-dessous du sein droit; son fer glisse entre cuir et chair, jusqu'au niveau de l'omoplate; ce n'est rien. On nous raccommode; nous nous embrassons. Mes camarades ont faim et sont sans argent; le son de quelques écus me trahit; on vante mon courage; on veut le célébrer le verre à la main, et c'est à mes dépens que la bande joyeuse arrose ma blessure..........

Chez le traiteur.

Non, papa, je ne veux plus faire
Le métier de solliciteur.

Près d'un illustre personnage
J'arrive bien recommandé.
« Mon bonheur sera son ouvrage, »
Dit-il, d'un air persuadé,
Je veux pénétrer le mystère;
On attend peu de ma candeur;
    La chose est claire :
    Etre sincère,
    Etre écouteur......

Cela se comprend. Il s'agit seulement de me faufiler dans les sociétés brillantes, de m'introduire dans les bonnes maisons; d'y parler politique à tort et à travers; de provoquer des discussions, d'obtenir des confidences; d'en prendre note, et puis de me faire, de mes connaissances, des honnêtes gens dont je surprendrai la confiance........

Le délateur.

Non, papa, je ne veux plus faire
Le métier de solliciteur.

Bientôt une vieille duchesse
Aux grandeurs me croit destiné.
Par mes talents je l'intéresse,
Et je lui parais bien tourné.
Dans son boudoir la douairière,
Un soir, m'attire avec douceur.
  Et la commère :

Mon ami, mon bien-aimé, s'écrie-t-elle, en tournant l'œil, tu le vois, mes cinquante ans n'ont rien ôté à la chaleur expansive d'une âme sensible et tendre ; tu es ambitieux, tu as de l'audace : je t'offre le seul moyen de te pousser : on ne fait son chemin à Paris que par le canal des femmes...... Viens dans mes bras, et, avant huit jours, tu seras, foi de duchesse, secrétaire d'État, ou.....,

  Ambassadeur.
 Non, papa, je ne veux plus faire
Le métier de solliciteur.

E. DE PRADEL.

L'AMANT D'ESTELLE.

Air : *Il a ma foi.*

Ah ! s'il est dans notre village
Un berger sensible et charmant,
Qu'on chérisse au premier moment,
Qu'on aime ensuite davantage,
C'est mon ami, rendez-le moi ;
J'ai son amour, il a ma foi.

Si par sa voix tendre et plaintive
Il charme l'écho de vos bois ;
Si les accents de son hautbois
Rendent la bergère pensive,
C'est encor lui, rendez-le moi ;
J'ai son amour, il a ma foi.

Si même, en n'osant rien vous dire,
Son seul regard sait attendrir ;
Si, sans jamais faire rougir,
Sa gaîté fait toujours sourire,
C'est encor lui, rendez-le moi ;
J'ai son amour, il a ma foi.

Si, passant près de sa chaumière,
Le pauvre en voyant son troupeau
Ose demander un agneau,
Et qu'il obtienne encor la mère,
Oh ! c'est bien lui, rendez-le moi ;
J'ai son amour, il a ma foi.

FLORIAN.

Le Conseil paternel.

—

Air : *Souvent, la nuit, quand je sommeille.*

Sais-tu comme on peut de la vie
Rendre le passage plus doux?
D'une estimable et tendre amie
Deviens, mon fils, deviens l'époux.
Entendez ce vieillard solitaire
Implorer la nuit du tombeau ;
Pour lui la vie est un fardeau:
Il a vécu célibataire.

Ah ! crains d'éprouver son supplice :
C'est dans l'hymen qu'est le bonheur;
Mais garde-toi d'un vain caprice,
Garde d'aventurer ton cœur.
Si chaque jour mon existence
S'embellit d'un plaisir nouveau,
C'est qu'Amour était sans bandeau,
Quand il me dit : Choisis Hortense.

Préfère la vertu modeste
A la richesse, à la beauté;
La beauté fuit, la vertu reste,
L'or n'est pas la félicité.
Elle eut pour tout bien, mon Hortense,
Sagesse, esprit et sentiment;
Sur ce fonds nous vivons gaiment
Sans regarder à la dépense.

M. Lebrun-Tossa.

L'ENFANT
AU TOMBEAU DE SA MÈRE.

Air : *Il n'y a plus de remède.*

« Que fais-tu près de ce tombeau,
Bel enfant ? dis, quelle est ta peine ? »
— « Ah ! madame, un espoir nouveau
Tous les jours ici me ramène ;
Maman dort sous ce marbre, hélas !
Et maman ne s'éveille pas !

» Sur son cœur comme elle pressait
L'enfant chéri de sa tendresse !
Ah ! si maman se réveillait,
J'aurais encore une caresse !
Je gémis, je l'appelle, hélas !
Et maman ne s'éveille pas ! »

— « Pauvre enfant, que je plains ton sort !
Que la raison vienne à ton aide !
Ce triste sommeil, c'est la mort ;
Et ton malheur est sans remède :
Pleure, enfant, car ta mère, hélas !
Pour toi ne s'éveillera pas.

» Suis-moi ; je sécherai tes pleurs ;
Je serai ta seconde mère ;
Nous reviendrons jeter des fleurs
Sur la cendre qui t'est si chère !...
« Adieu, maman ! pardonne, hélas !
Je pars... tu ne t'éveilles pas ! »

FONTENILLE.

LA FÊTE D'UN VIEILLARD.

Air : *du vaudeville du Printemps.*

Avec le temps chacun vieillit,
Et l'âge amène la tristesse ;
Mais si le bonheur rajeunit,
François peut braver la vieillesse.
De soins, de caresses toujours
Il voit sa vie environnée ;
Et l'amitié, dans ses vieux jours,
Doit le rajeunir d'une année.

Pour lui chaque jour ici-bas
Est presque un nouveau jour de fête :
Il rit toujours... dans un repas
Aux jeunes gens il tiendrait tête ;
Il sait vider un rouge-bord,
Chanter toute la matinée...
Et la gaîté brûlante encor
Doit le rajeunir d'une année.

Quand le chemin semble joyeux
La pente n'est pas si rapide...
L'aspect des gens qu'il rend heureux
Et le ranime et le déride.
Son âme par le bien qu'il fait
Aux plus beaux jours est ramenée...
Grâce à son cœur, chaque bienfait
Doit le rajeunir d'une année.

Le plaisir sur un front blanchi
Des ans vient effacer les traces ;
Anacréon fut rajeuni
Et par Bacchus et par les Grâces.
Or, François, dans ce gai festin,
Eprouvant mêmes destinées,
Avec ces dames et son vin
Doit rajeunir de vingt années !

F. DE COURCY.

IL FAUT RIRE.

Air : *Rions, chantons, aimons, buvons.*

Mes amis, vive la gaîté!
Nargue de la sagesse austère ;
La gaîté donne la santé,
Elle adoucit le caractère.
Sur les nœuds que l'on voit serrer,
Sur les méchants vers qu'on admire,
Un censeur dit qu'il faut pleurer ;
Et moi, je soutiens qu'il faut rire.

L'amour, ce petit dieu malin,
Se glisse dans plus d'un ménage ;
Avec son petit air câlin
Le fripon fait bien du ravage.
Trop prompt à se désespérer,
Quand de sa femme il est martyre,
Un mari dit qu'il faut pleurer ;
Et moi, je soutiens qu'il faut rire.

Parmi les drames éclatants
Qu'il faudra que le goût expie,
On se rappellera longtemps
Repentir et Mysanthropie.
Voyant un benêt endurer
Certaine chose sans rien dire,
Tout Paris dit qu'il faut pleurer ;
Et moi, je soutiens qu'il faut rire.

Amis, pour embellir nos jours,
Pour les rendre dignes d'envie,
Rions de tout, rions toujours ;
Le rire est l'âme de la vie.
Si des pleurs pouvaient différer
Notre voyage au sombre empire,
Je vous dirais : il faut pleurer ;
Mais, ne pouvant rien, il faut rire.

BRAZIER.

LA LUNE ROUSSE.

Air : *des Vendanges.*

Dans le vignoble d'alentour,
 Tout verdoie et tout pousse;
Mais, hélas! voici ton retour,
 O Lune rousse!
Le vigneron est dans l'effroi,
 Il ne dort ni ne mange...
Se verra-t-il privé par toi
 De sa vendange?

Le petit vin de nos coteaux,
 Nul marchand ne le prône;
Il n'importe, aux vins de Bordeaux,
 A ceux du Rhône,
Au vieux Pomart, au Chambertin,
 Au Xérès, au Madère,
A tous les vins du monde enfin,
 Je le préfère.

J'ai quatre journaux et demi
 Qui sont plantés en vigne;
De plus, je possède un ami,
 Bonheur insigne!
L'hiver, nous trinquons, tous les deux,
 Près d'un feu qui pétille,
L'été, sous les rameaux ombreux
 De ma charmille.

Si tu détruisais mon raisin,
 O Lune! ô cruel astre!
Je verrais d'un œil fort chagrin
 Un tel désastre;
Mais après tout, j'en fais l'aveu,
 J'ai de l'or, j'en ai certe
Autant qu'il faut pour souffrir peu
 De cette perte.

Modeste, à coup sûr, est mon bien,
  Mais, grâce à feu mon père,
Je ne manque jamais en rien
  Du nécessaire.
Huit cents francs de rente et mes ceps,
  Voila mon héritage ;
Pour vivre heureux, c'est bien assez
  Dans le village.

Ce n'est donc pas pour moi d'abord,
  O Lune redoutée !
Qu'en ce jour mon âme est si fort
  Inquiétée ;
Pour les vignerons du pays,
  Du doux pays que j'aime,
J'ai plus de crainte et de soucis
  Que pour moi-même.

D'un mioche, de dix en dix mois,
  Leur famille s'augmente ;
Par malheur, il n'ont quelquefois
  Nulle autre rente.
Le produit des coteaux voisins
  Est leur seule richesse ;
Ils sont, quand manquent les raisins,
  Dans la détresse.

O Lune ! lorsque sur nos toits
  Tu répands ta lumière,
De bien des cœurs sort à la fois
  Cette prière :
Lune ! épargne nos vignerons !
  Par ta clarté maligne
Ne fais pas, dans les environs,
  Geler la vigne !

      Henry DELOCHE

LE MÉCHANT.

Air : *Il est un Dieu pour tout le monde.*

Il est un Dieu pour les auteurs,
Qui leur fait mépriser l'envie ;
Il est un Dieu pour les buveurs ;
Il est un Dieu pour la folie ;
Il est un Dieu pour les amants ;
Il est un Dieu pour la faiblesse ;
Il est un Dieu pour la vieillesse ;
Il n'en est pas pour les méchants.

On pardonne à l'homme indigent
Un peu d'humeur et d'injustice,
On pardonne à l'homme imprudent
Un propos tenu sans malice ;
On pardonne au sot ignorant ;
On pardonne au juge sévère ;
On pardonne à l'homme en colère ;
Mais jamais à l'homme méchant.

Celui que fuyait le bonheur,
Souvent le trouve dans les larmes ;
Le sage le trouve en son cœur,
Le guerrier dans le bruit des armes ;
L'amant le doit au sentiment,
La jeune fille à sa parure ;
Il est partout pour l'âme pure ;
Mais nulle part pour le méchant.

On aime jusques aux défauts
Du fils à qui l'on donna l'être ;
On aime, en souffrant mille maux,
L'infidèle qui les fit naître ;
Pour l'ingrat, s'il est repentant,
On ne peut être inexorable ;
Au supplice on plaint un coupable ;
Mais on hait toujours un méchant.

Csse de SALM.

LA MORT D'UNE JEUNE FEMME.

ÉLÉGIE.

Elle était jeune, elle était belle;
L'amour d'un enfant, d'un époux,
Dorait des rayons les plus doux
L'avenir ouvert devant elle.

Il semblait que, jusqu'au déclin
D'une vie aussi fortunée,
Jamais l'ombre du noir chagrin
Ne dût voiler sa destinée.

Pourtant, cygne au col argenté,
Parmi les roseaux du rivage
Elle a glissé comme un nuage
Au ciel transparent de l'été.

Avides des saintes délices,
Ses lèvres charmantes, hélas!
Des fragiles fleurs d'ici-bas
N'ont fait qu'effleurer les calices.

A travers les rêves d'azur
Que lui déroulait son bon ange,
De ce monde, cloaque impur,
Avait-elle entrevu la fange?

Savait-elle que bien heureux
Sont ceux que le Seigneur convie
A s'asseoir au banquet des cieux
Avant l'automne de la vie?

Ah! pour quitter si tôt ces lieux
Que lui doraient tant de mirages,
Elle a dû voir devant ses yeux
Passer de bien sombres images!

Car tant de liens l'attachaient
A cette terre, où, sur sa tête,
Ainsi qu'au matin d'une fête,
Les plus belles fleurs se penchaient;

Un enfant, ce trésor des mères,
Ce chaste rayon du soleil,
Qui rend les peines éphémères
Et fait l'horizon si vermeil;

Un époux aimant et fidèle
Comme aux premiers jours de l'Hymen,
Et qui savait détourner d'elle
Toutes les ronces du chemin;

Un père, une mère, ô tristesse !
Dont elle était l'unique amour,
Et qui n'auront pas sa tendresse
Pour sourire à leur dernier jour...

Quitter tous ces biens, lorsqu'à peine
Elle les avait savourés,
Quand du bonheur les flots dorés
Débordaient de la coupe pleine!

Oui, sans doute, oui, c'est affreux;
Et pourtant, la vie est si sombre,
Qu'on n'ose pas trop plaindre ceux
Qui la traversent comme une ombre...

Oh! toi, sa mère, dont elle avait la bonté,
Pardonne au fléau qui l'a prise,
Laisse l'espoir, céleste brise,
Ranimer ton cœur attristé.

Oh ! calme la douleur dont le fardeau t'oppresse ;
Les nuages d'hiver ne sont pas toujours bruns ;
Du meilleur des époux la profonde tendresse
A ton long avenir garde encor des parfums.

Pour rappeler les morts de leur froide patrie
Les pleurs et les regrets demeurent superflus ;
Que le doux souvenir de ta fille chérie
Berce donc ta pensée et ne l'attriste plus.

Vers le divin séjour où Dieu l'a rappelée
Laisse monter tes vœux ; elle les entendra,
    Et sa voix suave et voilée
    Avec amour te répondra...

Élisa M.

SUR LE CERCUEIL D'UN ENFANT.

Air : *du Cimetière d'Arcalon.*

Bel échappé du firmament ;
Jamais son front n'était morose,
Et toujours sur sa lèvre rose
Fleurissait un souris charmant.
De longs cils noirs l'épaisse frange
Voilait à demi ses yeux bleus ;
Il avait la beauté d'un ange,
Dieu l'a rappelé dans les cieux.

Hélas ! nous l'aimions tous ; sa voix
Perlait des mots, suave et tendre ;
Il nous semblait que pour l'entendre
L'oiseau se taisait dans les bois.
Son babil, pur de tout mélange,
Était toujours harmonieux,
L'enfant avait la voix d'un ange,
Dieu l'a rappelé dans les cieux.

Jamais rien ne glissait d'impur
Devant sa limpide prunelle,
Et toujours il ouvrait son aile
Sous un vaste horizon d'azur,
Pour la pauvre et triste phalange,
Le bel enfant, bon et pieux,
Avait la charité d'un ange,
Dieu l'a rappelé dans les cieux.

LUDOVIC.

Nancy, imp. de Hinzelin et Cie.

LE VIN
ET
LES CHANSONNETTES.

Air de la Boulangère.

Que des astronomes savants
　Observent les planètes ;
Amis, lorgnons en bons vivans
　Ces vermeilles brunettes ;
Et terminons ce gai festin
　Avec des chansonnettes,
　　Du vin,
　Avec des chansonnettes.

Loin de nous ces froids buveurs d'eau !
　Oh ! les tristes mazettes !
Le vin seconde le cerveau,
　Il rend nos voix plus nettes.
Déclarons la guerre au chagrin
　　Avec, etc.

Abordez-moi le verre en main
　Vos gentes bergerettes,
Et dans un bachique refrain
　Chantez vos amourettes :
On ne soupire pas en vain
　　Avec, etc.

Suivez nos pas, joyeux tendrons,
 Loin de vos maisonnettes,
Quittez avec de francs lurons
 Vos fichus, vos cornettes :
Nous brûlons de vous mettre... en train
  Avec, etc.

Moi qui suis gai dès le matin,
 Qu'un docteur en lunettes
Ne vienne jamais en latin
 Me conter des sornettes :
Je me passe de médecin
  Avec, etc.

Je bois, je chante et fais l'amour
 Sans songer à mes dettes ;
Puis, de solder quand vient le jour,
 A défaut de sonnettes,
Je paye un créancier mutin
  Avec, etc.

Tant que nous aurons ici-bas
 Quelques vieilles feuillettes,
Et que nous verrons sur nos pas
 Quelques jeunes fillettes,
 Amis, mettons-nous en chemin
Avec des chansonnettes,
  Du vin,
Avec des chansonnettes.

A. JACQUEMART.

A UNE DAME.

Air à faire.

Quand vous rêvez, quand dans votre âme,
Vos souvenirs vont se pressant,
Vous devez bénir Dieu, madame,
Des dons qu'il vous fit en naissant.

Cœur, esprit, ineffables grâces,
Il vous donna tout pour charmer;
Tout ce qui fait qu'on suit vos traces,
Et que vous voir c'est vous aimer.

Vous eûtes la double puissance,
Qui captive l'humanité;
Le charme de l'intelligence,
Et le charme de la beauté.

Vers vous tous les êtres d'élite,
Tous les grands cœurs sont attirés;
Vous êtes le céleste mythe
De nos poètes inspirés!

Vous êtes la source bénie
Où se désaltère le cœur;
La muse fidèle au génie;
La providence du malheur!

Quand vous rêvez, quand dans votre âme,
Vos souvenirs vont se pressant,
Vous devez bénir Dieu, madame,
Des dons qu'il vous fit en naissant.

Louise COLET.

BELLEROSE.

Air : *Tra la la, tra la la (ou : des Cancans).*

J'avais qu'inze ans, poin' d'chagrin,
Et j'savais quelqu'gai refrain,
Quand mon pèr' m'dit : fil', va-t-en,
Et gagn' ta vie en chantant.
   Tra la la, tra la la,
Sur quel air mettrons-nous c'la ?
   Tra la la, tra la la,
Faut-il des chansons ? me v'là !

C'n'est pas tout qu'un bel état,
Pour s'montrer avec éclat ;

Un nom brillant a son prix,
C'lui d'Bell'ros' me plut; je l'pris.
  Tra la la, tra la la, etc.

Il s'agissait d'mon début,
Quell' vill' prendrons-nous pour but ?
Cell' de Paris m'a tenté,
J'm'y trouv' bien, j'y suis resté.
  Tra la la, tra la la, etc.

Dans c'pays qu' sert la vertu ?
L'grand point c'est d'êtr' bien vêtu,
J'fis choix d'cet habit galant,
On n'douta plus d'mon talent.
  Tra la la, tra la la, etc.

Un luron m'dit : pour t'parer,
D'rubans tu dois t'chamarrer.
— Mais tu veux m'ruiner, mon cher ?
— Non, ici ça n'coût' pas cher.
  Tra la la, tra la la, etc.

Lorsque je m'plac' sur un pont,
Pour chanter, à moi l'pompon !
Dans ma poch' coul' les gros sous,
Comm' l'eau fraiche coul' par d'ssous.
  Tra la la, tra la la, etc.

Au pont d'Iéna, d'Austerlitz,
Mes goussets s'trouv' moins remplis ;
Pourtant nos soldats, dès d'main,
Prouv'raient qu'ils en sav' le ch'min.
  Tra la la, tra la la, etc.

Au pont d'z'Invalid', ma foi,
De chaqu' vieux brave qui pass' je r'çoi ;

Plusieurs, qui veul' m'étrenner,
N'ont plus qu'un' main pour donner.
   Tra la la, tra la la, etc.

Sur le Pont-Neuf, tout attendri,
J'm'arrêt' devant l'bon Henri.
D'sa bouch' sembl' sortir ce mot :
Avez-vous la poule-au-pot?
   Tra la la, tra la la, etc.

Aussi l'Pont-Neuf, tous les jours,
Est l'rendez-vous d'mes amours,
Lis', la modiste du Palais,
Sait c'que lui coût' mes couplets.
   Tra la la, tra la la, etc.

Plus d'un' bell' dam', sans m'vanter,
En m'r'luquant, m'entend chanter,
Et d'la pièc' qu'ell' donne, entr'nous,
L'env'loppe est quelqu'chos' d'plus doux.
   Tra la la, tra la la, etc.

Vous faut-il refrain, cancan?
Mesdam' Bell'rose est piquant.
De c'te fleur il n'a que l'nom,
Et vous l'air et la chanson.
   Tra la la, tra la la,
Sur quel air mettrons-nous c'la?
   Tra la la, tra la la,
Faut-il des chansons? me v'là !
E. DE PRADEL.

LE BERCEAU DE MES JOURS.

Air : *De ma Normandie.*

Vainqueur de la triste froidure,
Lorsque mai refleurit les champs,
Et sous un dôme de verdure
Quand l'oiseau gazouille des chants ;
Lorsque la frileuse hirondelle
Au nid ramène ses amours,
  Près du berceau de la Moselle
J'aime à revoir le berceau de mes jours.

J'ai vu les bords de la Tamise,
Londre et ses mille pavillons,
L'Italie au Germain soumise,
L'Helvétie et ses frais vallons ;
Devant chaque image nouvelle
Mon cœur a répété toujours :
  Près du berceau de la Moselle
J'aime bien mieux le berceau de mes jours.

Parmi les splendeurs éphémères
Que le trône étale à nos yeux,
J'ai vu caresser les chimères
Dont se repaît l'ambitieux.
Sur l'onde où voguait ma nacelle,
J'ai dit, naviguant à rebours :
  Près du berceau de la Moselle
J'aime bien mieux le berceau de mes jours.

Trompé dans mes rêves de gloire,
Du port j'ai repris le chemin,
Sans importuner ma mémoire
Des longs méfaits du genre humain.
Voyant la nature si belle,
L'homme si faux, les ans si courts,
Près du berceau de la Moselle
J'aime bien mieux le berceau de mes jours.

De mon illusion passée
Il m'est resté le souvenir;
Calme et plus sage, ma pensée
Du présent fait son avenir.
A l'amitié toujours fidèle,
En main le luth des troubadours,
Près du berceau de la Moselle
J'irai mourir au berceau de mes jours.

Albert Montémont.

LE DEJEUNER.

Am : *Que ne suis-je la fougère ?*

Du souper j'entends sans cesse
Vanter les bruyants plaisirs.
Quand on vit pour la tendresse,
Il flatte peu les désirs.
Laissons souper la folie,
Laissons dîner le gourmand:
Ami vrai, sensible amie,
Le déjeuner vous attend.

C'est l'éveil de la nature,
C'est l'heure du sentiment:
Les fronts y sont sans parure,
Les cœurs sans déguisement.
Le déjeuner fait éclore
Les fleurs du sacré vallon;
C'est le festin où l'Aurore
Rajeunit le vieux Titon.

On n'y craint pas la présence
D'un fâcheux, d'un indiscret;
A table est la confiance;
Vers la porte est le secret.
Aussi voit-on qu'à Cythère
C'est le repas recherché :
L'Amour soupe avec sa mère,
Il déjeune avec Psyché.

A dîner, l'on parle affaire,
Et la gaîté n'y dit mot :
Le souper est moins austère;
Mais l'appareil est son lot ;
Le déjeuner seul rassemble
Le goût et la liberté;
Lui seul fait trinquer ensemble
Le plaisir et la santé.

Amitié, quand tu l'apprêtes,
Il est le banquet des dieux :
Patronne de ces retraites,
Tu m'y fais trouver les cieux.
Bien fou qui cherche un royaume!
Le vrai bonheur n'est pas là :
Il déjeune sous le chaume
Dans le Monomotapa.

  PHILIPPON DE LA MADELEINE.

LE MAGNÉTISME ET LES CORPS SAVANS.

Air : *Les Gueux, les Gueux !*

Les corps savants
Sont bien amusants !
Quel's drôles de gens
Que nos savants ! (*Bis.*)

Depuis que le monde existe,
— Pour eux j'en suis tout confus,
Ce qu'ils ont nié subsiste,
Ce qu'il ont prôné n'est plus.
    Les corps savants, etc.

Galilée eut beau décrire
Les lois du globe ici-bas.
Ils se r'muèrent pour dire
Que le glob' ne r'muait pas.
    Les corps savants, etc.

Quand Colomb traversa l'onde,
Les savants dir'nt : « C'est un fou !
Christoph' rêve un nouveau monde,
Mais ce n'est pas le Pérou !... »
    Les corps savants, etc.

On leur dit : « Le sang circule ; »
Harvey n'était que trop franc ;
Il fut trouvé ridicule,
Et se fit du mauvais sang.
    Les corps savants, etc.

Un jour, d' la vapeur naissante
Bicêtre étouffa la voix,
Et devant cette eau bouillante
Tous les savants restent froids !
    Les corps savants, etc.

On les voit sur l'émétique
Vomir des rapports haineux,
Sur le quina d'Amérique
Lancer des arrêts fiévreux.
    Les corps savants, etc.

Contre la *vue à distance*
Les savants sont acharnés:
Il est vrai que la science
N'y voit pas plus loin qu'son nez.
    Les corps savants, etc.

Ils n'admettent pas qu'on *dorme*,
Eux, dont les charmants discours,
Grâce au fond, grâce à la forme,
Nous endorment tous les jours !
    Les corps savants, etc.

Matadors de la science,
Grands flambeaux du genre humain,
Recevez au nom d'la France,
Et mon toste et mon refrain :
    Les corps savants
    Sont bien amusants !
    Quel's drôles de gens
    Que nos savants ! (*Bis.*)

                Lovy

L'OMBRE DE MARGUERITE.

Air : *Lorsque dans une tour obscure.*

Dans la nuit, à l'heure effrayante
Où l'airain frémit douze fois,
Des spectres la famille errante
Sort des tombeaux à cette voix.
Edmond, que le remords agite,
Cherchait le sommeil qui le fuit ;
L'ombre pâle de Marguerite
Vient s'asseoir au pied de son lit.

Regarde, Edmond, c'est moi, dit-elle,
Moi, qui t'aimai, que tu trompas ;
Moi, dont la tendresse fidèle
Vit encore après le trépas.
J'en ai cru ta fausse promesse,
Je t'ai fait maître de mon sort
Hélas ! pour prix de ma tendresse,
Fallait-il me donner la mort !

Jadis de la rose naissante
J'avais l'éclat et la fraîcheur ;
Pourquoi sur sa tige innocente
Ton souffle a-t-il séché la fleur ?
Mes yeux brillaient de tant de charmes,
Ingrat, alors que tu m'aimais !
Pourquoi donc les noyer de larmes,
Pourquoi les fermer à jamais ?

Hier, dans un palais superbe,
Aujourd'hui dans un noir cercueil,
Mon asile est caché sous l'herbe,
Et ma parure est un linceuil ;

De quel forfait suis-je victime ?
J'aimais, j'ai cru l'être à mon tour ;
Qui me punit d'un pareil crime ?
L'objet même de mon amour.

De ton inconstance cruelle
Le jour fut à tous deux fatal ;
Quand ton cœur devint infidèle,
Edmond, il se connaissait mal.
Tu m'abandonnes, je succombe ;
Mais enchaînés par le destin,
Le remords vient d'ouvrir ta tombe ;
Tu dois y descendre demain.

J'entends le coq ; sa voix encore
Pour nous est un signe d'effroi ;
Je ne dois plus revoir l'aurore,
Et c'est la dernière pour toi !
Adieu. Celle qui te fut chère
Te plaint, te pardonne et t'attend...
L'ombre à ces mots perce la terre,
Et disparaît en gémissant.

Edmond immobile, en silence,
A vu ce prodige effrayant ;
De son lit soudain il s'élance,
Défiguré, pâle et tremblant.
Il court, il cherche Marguerite ;
Sa voix s'échappe en cris aigus ;
Sur sa tombe il se précipite ;
On le relève : il n'était plus !

E. Jouy.

LA QUENOUILLE DE FAUCONCOURT.

Air *du Vaudeville de Florian.*

Au bon pays de Fauconcourt,
Agreste Eldorado des Vosges,
Un usage au charme trop court,
Appelle aujourd'hui nos éloges.
Pour deux futurs quand du bonheur
Le fil engagé se débrouille,
A l'église un garçon d'honneur
Devant eux porte une quenouille.

Cette quenouille est un drapeau
Arboré par la jeune Omphale;
De la noce un joyeux troupeau
Guide sa marche triomphale.
De la fiancée, au retour,
Est assiégé le La Trémouille,
Qui chante et combat tour à tour,
Afin de garder la quenouille.

Si chacun de nos deux époux
Habite un différent village,
Pour une autre Hélène entre tous
En route une lutte s'engage.
Vite on se barre le chemin;
De rubans chacun se dépouille:
On sauve, par un coup de main,
La mariée et la quenouille.

Parfois survient l'enlèvement
De notre jeune et belle proie ;
Il faut soutenir bravement
Un siége qui rappelle Troie.
Mais ici, pas de sang versé,
Pas même d'habit que l'on souille;
Le gosier, à boire exercé,
S'enroue à chanter la quenouille.

Du banquet l'instant est venu;
Pour chaque époux est une table :
Le mari se voit retenu
Par la jeunesse moins traitable.
La femme est avec l'âge mûr,
Qui d'un vin abondant se mouille :
Entre ces tables point de mur
Que ne franchisse la quenouille.

La jeune table vous attend,
Fraiche épouse à l'autre installée;
Il faut y venir à l'instant,
Sans quoi la paix serait troublée.
L'archet provoque les danseurs,
Et dans le quadrille on s'embrouille
Toujours de nouveaux possesseurs
Font danser épouse et quenouille,

Mais en hymen comme en amour,
L'illusion riche et pompeuse
A joué plus d'un mauvais tour,
Et bien des fois elle est trompeuse ;
Souvent pour avoir trop rêvé
Le phénix que rêvait Gribouille,
Plus d'un mari n'a plus trouvé
Ni d'oiseau bleu ni de quenouille.
Albert MONTÉMONT.

UNE LARME.
Romance.

Elle était blonde et toute gentillette,
Son front charmant brillait céleste et pur ;
C'était des champs une simple fillette
Aimant les bois et les ruisseaux d'azur ;
Naïve enfant, l'aurore était moins rose
Que l'incarnat de sa jeune vigueur,
Ah ! sur la tombe où cette enfant repose,
Laissez tomber une larme du cœur.

Qu'elle était belle, à la Pâque dernière,
Sous le portail, près du sacré parvis,
Le temple saint, la splendeur printanière
Disparaissaient à mes regards ravis ;
—Je n'éprouvais, pauvre fou, qu'une chose—
—Un sentiment d'ineffable langueur—
Ah ! sur la tombe où cette enfant repose,
Laissez tomber une larme du cœur.

Il est donc vrai, — la timide anémone
Qui croît dans l'herbe au revers des vallons,
Avant le temps, effeuille sa couronne
Sous les assauts des fougueux aquilons ;
Fillette ou fleur mourir, — à peine éclose,
Destin cruel ! c'est par trop de rigueur...
Ah ! sur la tombe où cette enfant repose,
Laissez tomber une larme du cœur.

Antonius Duval.

Nancy, imp. de Hinzelin et Cⁱᵉ.

A MON MEILLEUR AMI.

REPROCHES ET CONSEILS INUTILES.

Air : Édouard me rend plus savante.

La divine providence,
En me jetant ici-bas,
Mit près de moi, dès l'enfance,
Un ami qui suit mes pas ;
Si je l'aime avec tendresse,
Je vois pourtant ses défauts,
Et ma franchise me presse
De les lui dire en deux mots.

Ami, ceci vous réveille :
En vain vous vous écartez,
Et faites la sourde oreille ;
Apprenez vos vérités.
Commençons par la paresse,
L'un des péchés capitaux ;
Car ici, comme à confesse,
Je prends d'abord les plus gros.

Rien ne peut, mon camarade,
Vous faire sortir du lit ;
Passe quand on est malade,
Mais avec votre appétit !...
Il est bon, il est licite,
Sept heures de sommeiller ;
Mais vous, douze heures de suite !
Quel amour pour l'oreiller !...

Le trône de la mollesse
Est à peine abandonné,
Que le bon ami s'empresse
De songer au déjeûner :
Car jamais homme d'église,
Financier ou médecin,
Mon cher, à la gourmandise
Plus que vous ne fut enclin.

Mais le sort impitoyable
Vous ayant fort maltraité,
Ne permet à votre table
Que l'humble frugalité :
Vins vieux, mets fins, chère lie,
Sont pour les nouveaux élus ;
Leur destin vous fait envie :
Encore un péché de plus.

Souvent je vous dis : Mon frère,
Devenez plus travailleur ;
Etes-vous, pour ne rien faire,
Ou chanoine ou grand seigneur ?
A ce conseil salutaire
Que me dicte la raison,
Vous répondez en colère :
Je travaille... à ma chanson.

Ainsi de votre jeunesse,
Vous dissipez les instants ;
Les muses, votre maîtresse,
Partagent tout votre temps :
Que l'une ou l'autre vous donne
Un favorable coup-d'œil,
Le Grand Sultan sur son trône
Plus que vous n'a pas d'orgueil.

Je passe sur l'avarice,
Qui n'est pas votre péché ;
Mais pour le septième vice,
Je vous en crois entaché :
Quand vous lisez *la Pucelle*,
Votre cœur est agité,
Et soupire après la Belle,
La Belle en réalité.

Après un portrait semblable
D'un si mauvais garnement,
L'on va dire : Est-il croyable
Que vous l'aimiez tendrement ?
Oui, je n'en fais point mystère,
Je l'aime, et voici pourquoi :
Paresseux, gourmand, colère,
Ce meilleur ami, c'est... moi.

M. MARESCHAL.

AU LOISIR.

ROMANCE.

Loisir, où donc es-tu ? le matin je t'implore ;
Le jour, ton charme absent me trouble et me
   Le soir vient, tu n'es pas venu : [dévore ;
La nuit, j'espère veiller à ta lumière ;
Mais déjà le sommeil a fermé ta paupière,
   Avant que mes yeux t'aient connu.

Loisir, entends mes vœux, sur le lac de la vie
Errant depuis un jour et déjà poursuivie
   Des flots et des vents courroucés,
Au milieu des écueils, sans timon, sans étoiles,
Ma nef m'emporte et fuit ; j'entends crier mes
   Et mes jeunes bras sont lassés.   [voiles,

Mais si tes yeux d'un trait s'abaissaient sur ma
A ton regard serein céderait la tempête [tête,
   Et je verrais le ciel s'ouvrir ;
Les vents m'apporteraient une fraîcheur nouvel-
Et la vague apaisée autour de ma nacelle   [le,
   Viendrait mourir.

Et puis je chanterais le loisir et ses charmes,
Ses souris nonchalans, la douceur de ses lar-
   Larmes sans causes, sans douleurs ; [mes,
Ses accens qu'accompagne une lyre d'ivoire,
Sur son front le plaisir couronné par la gloire,
   Et le laurier parmi les fleurs.

Mais le loisir a fui tandis que je l'appelle :
Comme au cri du chasseur l'alouette rebelle,
   Comme une onde qu'on veut saisir.
Le temps s'est réveillé : ma tâche recommence.
Adieu, besoin du cœur ; solitude, silence :
   Adieu loisir, adieu loisir.

                    SAINTE-BEUVE.

LES LANCIERS POLONAIS!

CHANT FRANÇAIS.

Air : *Le magistrat irréprochable.*

Dans la froide Scandinavie,
Du héros retentit le nom,
Bientôt la Pologne asservie
Se lève pour Napoléon,
Il avait brisé les entraves
D'un peuple ami de nos succès,
Et la France aux rangs de ses braves
Compta LES LANCIERS POLONAIS.

Sans regret quittant leur patrie,
Pour Napoléon ces guerriers
Vont jusqu'aux champs de l'Ibérie
Cueillir des moissons de lauriers.
Partout où l'honneur les appelle
Ils volent tenter des hauts faits,
Et partout la gloire est fidèle
Aux braves LANCIERS POLONAIS.

Quand la Fortune trop volage,
Quand une lâche trahison,
D'accord ont trompé le courage
De notre grand Napoléon,
Il fit, en déposant les armes,
De touchants adieux aux Français,
Et l'on vit répandre des larmes
Aux braves LANCIERS POLONAIS.

Napoléon, l'âme attendrie,
Leur dit, dans ces cruels moments :
« Retournez dans votre patrie,
» Adieu ! je vous rends vos serments. »
Il croyait, dans son triste asile,
Voir à peine quelques Français ;
Mais il retrouva dans son île
Encor des LANCIERS POLONAIS.

O vous qu'à nos belles journées
La gloire a fait participer,
Polonais, de vos destinées
Le ciel doit enfin s'occuper ;
Mais aux jours même des alarmes,
Amis, nous n'oublirons jamais
Que nous avions pour frères d'armes
Les braves LANCIERS POLONAIS.

E. DE PRADEL.

LE LILAS EST EN FLEUR.

Air : *Le cordon, s'il vous plaît.*

L'aquilon fuit. De sa corbeille,
Flore prépare les bouquets.
En la voyant tout se réveille :
Les bois, les prés et les bosquets.   (*bis.*)
Une fleur hâtive et mignonne
Se détache de sa couronne
Pour nous livrer sa douce odeur :
  Le lilas est en fleur !   (*quatuor.*)

Joyeux garçons, filles vermeilles,
Suivez vos amoureux penchants;
Par essaims, comme les abeilles,
Volez, courez parmi les champs.
Loin de notre ville enfumée,
Dans une campagne embaumée,
Du printemps goûtez la primeur :
   Le lilas est en fleur !

Amis des cours, faites des brigues
Pour gagner la faveur des rois;
L'ambition, par ses intrigues,
A vos habits place des croix.
L'ami des champs, dans la nature,
Trouve une plus simple parure,
Dont Dieu seul est dispensateur :
   Le lilas est en fleur !

L'amour fripon, avec adresse,
Se glisse en nos bosquets fleuris;
Ce braconnier chasse sans cesse
Sur les terres de nos maris;
Aussi, sous d'épaisses charmilles
A leurs amants, femmes gentilles
Disent d'un air provocateur :
   Le lilas est en fleur !

Tout dépérit et tout succombe,
Dit un moraliste chagrin.
Le vieux Saturne, vers la tombe
Conduit le monde à son déclin...
Si tout meurt, tout reprend la vie.
La terre, avec coquetterie,
Retrouve au printemps sa fraîcheur;
   Le lilas est en fleur !

Justin CABASSOL.

LE PARADIS DES NOIRS.

Air : *Petit blanc.*

Petits noirs, race chère
Dont le sort est si doux ;
Il n'est rien sur la terre
De plus heureux que vous.

Vos maîtres débonnaires
Sont vos frères à tous.
A vos fils, en bons pères,
Ils disent : petits choux.
Ils donnent des talmouses
Au peuple négrillon,
Et font à vos épouses
Sauter le cotillon.
    Petits noirs, etc., etc.

Quand, après la grand'messe,
Vous dansez, dieux ! quels bonds !
Quelle franche allégresse !
Quels plaisirs furibonds !
Le planteur à la fête
Préside avec amour ;
Armé de la baguette,
Il tape du tambour.
    Petits noirs, etc., etc.

Si l'un de vous attrape
Un rhume de cerveau,
Vite votre satrape
Le met au mou de veau.
Avez-vous la colique ?
Le planteur aussitôt
Appelle la chimique
Et vous offre le pot.
    Petits noirs, etc., etc.

Quand la chaleur fait rage,
Vous dormez étendus
Mollement sous l'ombrage
Des lataniers touffus ;
Où, pour quelques négresses,
Tityres moricauds,
Des bois, dans votre ivresse,
Vous charmez les échos.
    Petits noirs, etc., etc.

Toujours à vous ébattre,
Toujours en Paradis,
Vous mangez comme quatre,
Vous buvez comme dix.
Quand un nègre en ribotte
Cuve à loisir son vin,
Le maître le dorlote,
Un moustiquaire en main.
    Petits noirs, etc., etc.

Quand la neige de l'âge,
Sans blanchir votre peau,
Blanchit votre lainage,
Que votre sort est beau !
Votre maître s'empresse
De soutenir vos pas ;
Les bâtons de vieillesse
Pour vous ne manquent pas.
 Petits noirs, etc., etc.

Mourez-vous ? votre maître
Prend des habits de deuil,
En bière vous fait mettre
Et suit votre cercueil.
Sa tristesse si forte
Ne se peut détailler :
Souvent elle le porte
A vous faire empailler.
 Petits noirs, etc., etc.

Votre chance est sereine
Et vos fers sont très gais
A côté de la chaîne
Des pauvres délégués ;
Sur vous si l'on s'afflige,
On a bien tort vraiment,
On est heureux, que dis-je ?
Fier de n'être pas blanc.

Petits noirs, race chère
Dont le sort est si doux,
Il n'est rien sur la terre
De plus heureux que vous.

ALBANE.

LES P'TITS POIS SONT EN FLEUR.

Air : *Le cordon, s'il vous plaît.*

Nouveau Tityre, sous un hêtre,
J'ai chanté jadis les lilas;
Aujourd'hui ma muse champêtre
Va prendre de nouveaux ébats.
Les fleurs sont choses passagères,
Nourrissons nos rimes légères
D'un sujet rempli de saveur :
  Les p'tits pois sont en fleur!

Gourmands, suivant votre coutume,
Disposez vos joyeux banquets;
Dans nos champs ce joli légume
Montre partout ses blancs bouquets;
Le soleil comblant notre attente,
Caresse sa tige rampante,
Corcelet guette sa primeur :
  Les p'tits pois sont en fleur!

Paris, ce pays de Cocagne,
Centralise tous les produits;
Pour lui l'opulente campagne
Réserve légumes et fruits.
La Halle pour la gourmandise
Deviendra la terre promise;
Déjà l'on y répète en chœur :
  Les p'tits pois sont en fleur!

Les marchands à la voix sonore
En hiver s'étaient éclipsés;

Nous allons d'nc entendre encore :
Pois ramés ! et pois écossés !
Ce chant dont tout viveur est aise,
Plaira plus que la *Marseillaise*;
L'estomac remplace le cœur :
    Les p'tits pois sont en fleur !

Pour contenter notre caprice,
Voyez ce traiteur aux abois ;
Il déguise avec artifice
Nos asperges en petits pois,
Comme cet auteur respectable,
Disons : « Le vrai seul est aimable ; »
Pour remplacer ce mets trompeur,
    Les p'tits pois sont en fleur !

Le marmiton, d'une main prompte,
Va repasser son tranchelard ;
Belle Vénus, dans Amathronte
Il te faut remiser ton char.
Tes pigeons, cela te désole,
Bientôt vont dans la casserole
Rejoindre un légume enchanteur :
    Les p'tits pois sont en fleur !

Dans le potager délectable,
Nous rajeunirons nos dinés ;
Nous chasserons de notre table
De S issons les grains surannés,
Et nous proscrirons ces lentilles,
S ches comme de vieilles filles ;
L'espoir nous promet du bonheur :
    Les p'tits pois sont en fleur !

                Justin CABASSOL.

LA PRIERE POUR LES MORTS.

Bonne et sainte prière,
Doux souvenir d'ami,
Larme qui, sous la pierre,
Réchauffe la poussière
Du chrétien endormi ;

Offrande d'amour pleine
Et soupir fraternel,
Dont la tiède haleine
Entoure l'âme en peine,
Qui montait nue au Ciel ;

Goutte d'huile ajoutée
A la lampe des morts ;
Bientôt flamme agitée,
Vers les cieux emportée,
S'élevant sans efforts ;

D'une âme bienfaisante
Saint mouvement d'effroi;
Cri d'une voix aimante,
Que font toute-puissante
L'espérance et la foi!

O toi! bonne prière,
Qui veilles au cercueil,
Quand la douleur altière
A bien sur la poussière
Inscrit tout son orgueil;

Et qui de l'humble tombe
Unique souvenir,

Quand le pauvre succombe,
Douce voix de colombe,
Viens bien longtemps gémir;

Doutant de ta puissance,
Toi, dont l'humilité
Cache dans le silence
De ta vive éloquence
Toute la charité,

Es-tu l'écho fidèle
De l'hymne des élus?
De la chaîne éternelle
Qui joint chaque fidèle
A ceux qui ne sont plus.

Es-tu, sur notre route,
Quelqu'anneau précieux,
Qui roule, qu'on écoute,
Et qui voudrait sans doute
Se rattacher aux cieux?

Es-tu la clé puissante
Des célestes trésors ?
Leur porte éblouissante
Doit-elle, obéissante,
Céder à tes efforts ?

Ou l'étoile sacrée
De quelque séraphin
Qui d'une âme égarée
Dans la plaine éthérée
Eclaire le chemin ?

Ou bien, peut-être encore...
Non.... mieux que tout cela,
Car la lèvre incolore
D'où ta note sonore
Jusqu'à Dieu s'envola,

Cache sous cette crainte,
Qui joint avec effroi,
Dans une même plainte
A la charité sainte,
L'espérance et la foi,

Un feu sublime et tendre,
Qui ne peut être peint,
Que nul mort ne peut rendre,
Et qu'il faut, pour comprendre,
Etre ange, femme ou saint.

BEUZEVILLE.

Nancy, imp. de Hinzelin et Cie.

CHANSON DE HENRI IV.

Air du Noël : Les pastoureaux ont les chaplets.

Çà, petit page, verse à moi!
D'eau tant seulement sois avare.
Sais-tu point que devient le roi,
Le roi de France et de Navarre?
Ventre-saint-gris! ce n'est point moi!
Je tiens un royaume plus digne,
Et vais régnant dessus la vigne.

    Voici que je bois
    De mon vieil arbois!
Chantons, messieurs, à perdre haleine:
Hosanna, Bacchus et Silène!

Çà, petit page, verse à moi!
Le vin soit ma chère maîtresse!
Sa senteur me jette en émoi,
Et sa couleur n'est pas traitresse.
Mais prenez-y part avec moi :
Toute maîtresse est infidèle,
Et point ne suis jaloux d'icelle.

    Voici que je bois, etc.

Çà, petit page, verse à moi!
Je me recorde que naguère
Gabrielle a faussé sa foi,
Et fit à mes amours la guerre.
Las! il vous faut boire avec moi
A l'oubli des noises passées;
Et foin des mauvaises pensées!

    Voici que je bois, etc.

Çà, petit page, verse à moi!
Si le sceptre est chose pesante,
Mon verre, plus léger de soi,
Jamais vide ne se présente.
Ce vin n'est chrétien comme moi:
Néanmoins pas un ne blasphème,
Pour ce qu'il n'eut onc le baptême.

    Voici que je bois, etc.

Çà, petit page, verse à moi!
Fais qu'à pleins godets je m'abreuve!
La mort m'est de petit effroi,
Si la fosse à table me treuve.
A donc un long temps après moi,
Au fleuve Léthé, ce me semble,
Je vous convie à boire ensemble.

    Voici que je bois
    De mon vieil arbois!
Chantons, messieurs, à perdre haleine:
Hosanna, Bacchus et Silène!

A UNE JEUNE FILLE.

Air : *De sommeiller encor, ma chère.*

Petite fille de quinze ans
Que l'avenir berce et caresse,
J'aime à voir dans tes yeux brillants
Les rayons d'une pure ivresse.
Garde-toi de flétrir les jours
Qu'ici-bas le bon Dieu te donne
Petite vierge des amours,
N'effeuille jamais ta couronne.

Quand les plaisirs te souriront,
Te caressant d'une main rose,
Oh ! n'abandonne pas ton front
A leur lèvre impie et morose !
Souvent la serre des vautours
Succède à main douce et mignonne,

Petite vierge des amours
N'effeuille jamais ta couronne.

Les vierges ainsi que les fleurs
Sur terre ont mêmes destinées :
On s'enivre de leurs doux pleurs,
Et puis, lorsqu'on les a fanées,
A d'autres vite ayant recours,
Au hasard on les abandonne !
Petite vierge des amours,
N'effeuille jamais ta couronne.

Alexandre Guérin.

CHANSON A BOIRE.

Air : *De tous les Capucins du monde.*

De Bacchus la veine est glacée ;
Amis, la mode en est passée :
Moi, je veux la ressusciter ;
En deux mots, voici mon histoire :
Je veux, si l'on me fait chanter,
Ne chanter que chansons à boire.

L'utile joint à l'agréable,
Je le trouve à chanter à table :
Car je tiens du docteur Isoif,
Qui vaut bien le docteur Grégoire,
Que chanter fait naitre la soif,
Et c'est la soif qui nous fait boire.

Triste vertu que l'abstinence !
Nous n'en avons plus d'autre en France :
Chez ces buveurs trop circonspects,
Le pauvre amour languit sans gloire :
Cœurs et gosiers sont toujours secs ;
On sait aimer comme on sait boire.

Nos aïeux étaient véridiques :
Nous sommes faux et politiques ;
De l'homme, on ne voit plus sortir
Que mensonge et trahison noire :
Il aimerait moins à mentir,
S'il aimait un peu plus à boire.

Après les travaux militaires,
Quand deux plénipotentiaires
Veulent voir la guerre finir,
Ils ont beau signer leur grimoire :
Cet accord ne saurait tenir :
Ils se quittent toujours sans boire.

Jadis, par de saints hécatombes,
Les Romains honoraient leurs tombes :
Dieu proscrivit ce culte vain,
Je n'ai pas de peine à le croire :
Leurs prêtres répandaient le vin ;
Ne valait-il pas mieux le boire ?

Dieu, quand viendra la fin du monde,
S'il faut que le Ciel nous inonde,
Fais que ce soit de flots de vin ;
L'eau pure ternirait ta gloire ;
Et si le monde meurt enfin,
Ne le fais pas mourir sans boire.

IMBERT.

LA CHANSON DU PEINTRE.

Air de : *l'Artiste et le Bourgeois.*

Je ne vois rien dans la nature,
Dans le monde ancien et nouveau,
De préférable à la peinture !
Rien n'est plus puissant qu'un pinceau !

Ne croyez pas que j'exagère,
Car sachez que maître Jupin
Jamais n'eût pu faire la terre
S'il n'avait pas su le dessin.

 Je ne vois rien, etc.

En effet de quelle manière
Aurait-il bâti les humains ?
Croyez-vous donc qu'il eût pu faire
Des têtes, des pieds et des mains ?

 Je ne vois rien, etc.

Messieurs, ayez-en l'assurance,
J'en atteste tout l'univers,
J'en atteste l'expérience,
Il eût fait les nez de travers !...

 Je ne vois rien, etc.

La peinture est indispensable :
Partout il faut de la couleur,
Il faut être peintre passable
Pour être éloquent orateur.

 Je ne vois rien, etc.

Si l'on ne colore son style,
On est mauvais littérateur;
Le cuisinier, s'il est habile,
Donne au bouillon de la couleur.

 Je ne vois rien, etc.

Sans couleur, comment pourraient plaire
Nos intéressants romanciers?
Et sans couleur que pourrait faire
Celui qui noircit vos souliers?

 Je ne vois rien, etc.

En un mot, phrasiers, gâte-sauce,
Rapins, avocats, décrotteurs,
Celui qui vous coiffe ou vous chausse,
Tous font usage de couleurs.

 Je ne vois rien, etc.

Un peintre donne (à qui l'achète)
Et la laideur et la beauté;
Grâce à lui, grâce à sa palette
On passe à la postérité!

 Je ne vois rien, etc.

Enfin, dans un temps de famine,
Sachez, Messieurs, tout ce qu'il peut:
C'est un homme qui, sans farine,
Fait des croûtes tant qu'on en veut!!!

Je ne vois rien dans la nature,
Dans le monde ancien et nouveau,
De préférable à la peinture!
Rien n'est plus puissant qu'un pinceau!

     Henri COTIN.

LA GUERRE AUX CHATEAUX.

Air: *Du nouvel Aristippe.*

I.

Châteaux dont la tête superbe
Semble défier le destin,
Vous ramperez un jour dans l'herbe,
Comme les restes d'un festin ;
Mortelles seront vos blessures ;
Le lierre, en vain, dans vos fissures
Cachera du Temps les morsures :
Vous n'aurez plus que le passé,
Vieux systèmes, vieilles idées,
Vases fêlés, coupes vidées,
Vieux donjons à faces ridées,
Votre prisme s'est éclipsé.

II.

On ne verra plus vos portiques
Vomir des milliers d'escadrons,
Des faisceaux de lances, de piques,
Au bruit des cors et des clairons.
Hormis le sifflet de l'orage,
Sur vos créneaux brisant sa rage,
Nul cri de guerre ou de carnage
Ne réveillera vos remparts :
Croulant jusque dans leurs racines,
Vos murs, hélas ! pauvres ruines,
Parmi les ronces des collines
Seront partout foulés, épars.

III.

Et, lorsque la nuit solitaire
Voilera vos tristes débris,
Nul chevalier, avec mystère,
Ne chantera d'ardeur épris,
Plus de bachelettes captives
Répandant leurs plaintes naïves,
Par les soupiraux des ogives,
Aux chants brûlants des troubadours.
Là, sur la mousse et la fougère,
Le soir du hameau la bergère
Viendra, sémillante et légère,
Aux échos dire ses amours.

J. Gay de Mornex.

L'ITALIE.

Air : *Du mont Saint-Bernard.*

Pays chéri, pour lequel je soupire,
Charmant séjour, où me portent mes vœux,
Dis-moi, dis-moi, si l'air que je respire,
Vaut le parfum de tes bords bienheureux.
  Oh! oui, la vie,
   Sur ton sol enchanteur,
   Terre chérie,
N'est qu'un doux rêve de bonheur.

Lorsque la nuit, sur les ailes d'un rêve,
Joyeux vers toi, je crois être lancé,
Avec amour, je regarde la grève,
Où mes désirs m'ont déjà devancé.
   Oh! oui, etc.

L'air embaumé, sur ta rive étrangère,
Vient apporter à mon cœur isolé,
Les vœux, les pleurs, les soupirs d'une mère;
Si j'ai souffert, je me sens consolé.
  Oh! oui, la vie,
   Sur ton sol enchanteur,
   Terre chérie,
N'est qu'un doux rêve de bonheur.

        V. Jull.

JEAN LE MIOCHE,
AU CHATEAU DES FLEURS,
CHANSONNETTE.

Air : *De la camaraderie.*

V'nez aux Champs-Élysées,
Voir c'beau Château des Fleurs,
A l'abri des chaleurs,
Joliment exposées,
Et de tout' les couleurs.
Là, par un drôl' d'mystère,
L'Elysée, j'vous l'prédis,
Vous prouv'ra qu'un parterre
Est un vrai paradis.
Que de merveill', foi de Jean l'mioche,
Pour un franc d'moins dans votre poche!

Si j'en croyons la Fable,
C'est là qu'chacun son tour,
D'cet immortel séjour,
Goût' le bonheur durable,
Quand il a perdu l'jour.
Mais dans l'royaume sombre,
V'là le gaz transporté,
Et j'cherche en vain une ombre,
Tant la nuit a d'clarté.
Que de merveill', foi de Jean l'mioche,
Pour un franc d'moins dans votre poche

Là c'est l'escarpolette.
Un p'tit fauteuil mouvant,
Emportant comme l'vent.
Une gentill' fillette,
Qui perd la têt' souvent.
Dès qu'en l'air ell' s'élance,
Je m'dis, sans balancer :
Un' beauté qui balance,
Ça ne doit pas s'fixer.

Que de merveill', foi de Jean l'mioche,
Pour un franc d'moins dans votre poche !

 Suivant un fil qui l'dresse,
 L'oiseau dit Egyptien,
 Quittant la main qui l'tient,
 Va prouver votre adresse,
 Si vous l'dirigez bien.
 Le volatil' sans plume
 Touche un but enflammé ;
 C'est l'oiseau qui l'allume,
 Et c'est vous qu'èt' plumé.
Que de merveill', foi de Jean l'mioche,
Pour un franc d'moins dans votre poche !

 Ici les plus ingambes
 De nos aimabl' tendrons,
 Féminins escadrons,
 Sur des chevaux sans jambes,
 En tournant font des ronds.
 Moi, qui jamais n'divague,
 J'soutiens qu'c'est un panneau,
 Où cell' qui gagn' la bague
 Perd souvent un anneau.
Que de merveill', foi de Jean l'mioche,
Pour un franc d'moins dans votre poche !

 Sous une grotte d'verdure,
 On voit comm' des mouvements,
 Dans des milliers d'diamants,
 Qui répèt' votr' figure,
 Et flatt' les jeun' z'amants.
 La toilett' de nos dames
 Y trouv', pour s'raffraîchir,
 Autant d'miroirs que d'femmes...
 Ça donne à réfléchir.
Que de merveill', foi de Jean l'mioche,
Pour un franc d'moins dans votre poche !

Entourés d'fleurs, d'feuillage,
De parfums qu'embaum' l'air,
Qui n'aim'rait pas c'concert,
Ces voix dont l'tendr' ramage
Gazouill' du Mayerbeer !
O musiq' ton empire
Fait d'ces miracles là :
Ici, quoiqu'on respire,
On s'croit à l'Opéra.
Que de merveill', foi de Jean l'mioche,
Pour un franc d'moins dans votre poche

Épris d'un' taill' plein' d'grâce,
Je m'glisse en tapinois
Près d'femme au doux minois,
Qu'on régalait d'un'glace,
Non loin du Pont-Chinois.
Tandis qu'dans la charmille
Mon cœur bat, mon sang bout,
L'mari prend un' vanille,
Et je n'prends rien du tout.
Que de merveill', foi de Jean l'mioche,
Pour un franc d'moins dans votre poche !

Mais quel prodige encore !
D'un massif d'roch' montés,
V'là des murs enchantés,
Où vient apparaîtr' Flore,
Pas cell' des Variétés.
Sur son trône sans voiles,
L'feu prodigu' ses couleurs,
L'air brill' de mille étoiles...
Viv' le *Château des Fleurs* !
Que de merveill', foi de Jean l'mioche,
Pour un franc d'moins dans votre poche !

E. DE PRADEL.

LE MAI DES VOSGES.

Air : *de l'Artiste.*

Quand la triste froidure,
Désertant le vallon,
Permet à la verdure
De parer le sillon,
Dans les Vosges encore
Un jeune homme enflammé,
Pour celle qu'il adore } bis.
Plante l'arbre de mai.

Dès que l'aube pénètre
A son riant séjour,
La vierge à sa fenêtre
Se montre avec le jour.
Si l'offrande imprévue
Brille à son œil charmé,
Elle bénit la vue
Du bel arbre de mai.

Si, contre son attente,
Au lieu d'un baliveau,
L'hommage qui la tente
N'est qu'un vieux soliveau,
Dans son mal qui redouble
Tout son cœur abîmé,
Dissimulant son trouble,
Maudit l'arbre de mai.

Plus le sapin qu'on dresse
Présente de hauteur,
Plus vive est la tendresse
Chez un adorateur.
Celle pour qui soupire
Un galant présumé,
A son magique empire
Mesure aussi le mai.

Quand la nouvelle aurore
Du plus cher de nos mois
Envahit et colore
Tous les cieux à la fois,
Toi qui d'espoir te leurres,
Si l'arbre est supprimé,
Pauvre fille, t pleures
L'absence de ton mai.

Dans le mystère et l'ombre,
Pour ce moment si doux,
Souvent grossit le nombre
Des joyeux rendez-vous.
Fière est la bergerette
Dont le regard aimé
A sa porte discrète
Découvre plus d'un mai.

En pareille occurrence,
La naïve beauté,
Livrée à l'espérance,
Pétille de gaieté.
Du choix qu'elle va faire
On est vite informé ;
Celui qu'elle préfère
Trouve un fil à son mai.

Mais si le temps dénonce
Quelque ride à son front,
Une fille renonce
Au jeu qu'on interrompt.
Vainement son œil quête
Le gage accoutumé ;
Plus de douce conquête,
Et plus d'arbre de mai.

Alors de son bel âge
Se rappelant l'attrait,
Au retour du feuillage
Elle exhale un regret.
Son cœur, sans paix ni trêve
De dépit consumé,
Dit : « Rendez-moi mon rêve
» Et mon arbre de mai ! »

Albert Montémont.

Nancy, imp. de Hinzelin et Cie.

A MA PARESSE.

Air : C'est pour toi que je les arrange.

C'est pour toi que j'aime la vie ;
Je trouve en toi tout mon bonheur ;
Deviens mon idole chérie ;
Enchaîne mes sens et mon cœur.
Plonge mes jours dans la mollesse,
Et nous régnerons tous les deux ;
Ma reine sera la Paresse,
Et moi le roi des Paresseux.

Il est si doux de ne rien faire,
De dormir la moitié du jour,
De consacrer sa vie entière
Au lit, à la table, à l'amour !
O Paresse ! ô ma souveraine !
Patronne de tant de mortels !
S'il ne m'en coûtait pas de peine,
Je te dresserais des autels !

Pour un bonheur imaginaire,
On se fait ici tant de maux !
Moi, je le trouve à ne rien faire :
Rien n'est doux comme le repos.
Plus fier, au sein de ma paresse,
Qu'une foule de gens aisés,
Si je désire la richesse,
C'est pour rester les bras croisés.

Dieu punit notre premier père,
En le condamnant aux travaux :
Cela prouve que sur la terre
L'ouvrage est le plus grand des maux.
Plus sage qu'Adam, notre père,
Je me trouve heureux où je suis ;
Passant ma vie à ne rien faire,
Je me crois dans le paradis.

Si l'on m'offrait une couronne,
Et qu'il me fallût travailler,
Je dirais : « Gardez votre trône,
Je préfère mon oreiller.
C'est là qu'est le bonheur suprême ;
Je n'en connais point de plus grand ;
Et pour jouir toujours de même,
Je voudrais mourir en dormant. »

ROUGEMAÎTRE (de Dieuze)

L'AMANT BUVEUR.

Air : *de la Compagnie du Gobelet.*

Forme qui voudra des désirs
Pour la fortune et pour la gloire,
Occupé de plus doux plaisirs,
Je sais aimer et je sais boire.

De leurs dons l'Amour et Bacchus,
Comblent mes vœux (l'on peut m'en croire);
Quels biens me faudrait-il de plus?
Je sais aimer et je sais boire.

Je ne sais ni grec ni latin
Mais à quoi bon tout ce grimoire :
Connaisseur en beautés, en vin,
Je sais aimer et je sais boire .

Qu'un héros s'expose au trépas,
Pour revivre un jour dans l'histoire,
Plus content de vivre ici bas,
Je sais aimer et je sais boire.

Près d'Iris ou dans un repas,
Toujours suivis de la victoire,
Qu'on applaudisse à mes combats :
Je sais aimer et je sais boire.

Je me construis un monument,
Avant de passer l'onde noire :
Myrthe et pampre en sont l'ornement ;
Je sais aimer et je sais boire.

Un lit posé sur deux tonneaux
Eternisera ma mémoire ;
L'éloge sera des plus beaux :
« Je sus aimer et je sus boire. »

LE BAS BLEU.

BOUTADE.

Qu'une femme auteur est à plaindre!
Au diable soit le sot métier!
Qu'elle se fasse aimer ou craindre,
Chacun veut la déprécier.

Est-elle simple et solitaire?
On crie à *l'affectation!*
Veut-elle un instant se distraire?
Elle veut se montrer, dit-on :

Tout ce qu'elle ose se permettre,
En mal on sait l'interpréter;
Elle ne peut parler, chanter,
Sourire sans se compromettre;

Son silence blesse les sots,
Ses propos ne les touchent guère;
Elle doit parler par bons mots,
Ou ne rien dire avec mystère.

Comme un animal curieux
Tantôt, chacun la considère;
Tantôt, une bégueule altière
Lui jette un regard dédaigneux :

Un raisonneur, qui chez lui brille,
L'accable de ses lourds propos,
Et la renvoie à son aiguille,
Après quinze ans d'heureux travaux.

Une mégere la provoque,
Et lui fait, d'un ton radouci,
Tout haut, un éloge équivoque,
Tout bas, un affront réfléchi.

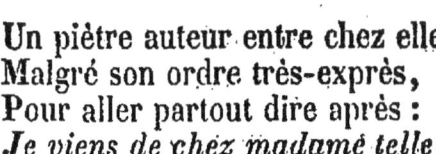

Un piètre auteur entre chez elle,
Malgré son ordre très-exprès,
Pour aller partout dire après :
Je viens de chez madame telle;
Nous avons (je le dis tout bas)
Parlé de sa pièce nouvelle,
Et mes conseils n'y nuiront pas,

Un poète blâme sa prose,
Un prosateur blâme ses vers;
On lui suppose cent travers,
On imprime ce qu'on suppose,
Sur elle on ment, on rit, on glose,
Aux yeux trompés de l'univers.

Joignez à ces tourments divers
Les gentillesses de la chose :
Chansons, épigramme, pamphlet,
Menus propos des bons apôtres,
Et vous connaîtrez ce que c'est
Que d'être un peu moins sot que d'autres.

Au diable soit le sot métier !
Oui, j'y renonce pour la vie;
Fuyez, encre, plumes, papier,
Amour des vers, rage ou folie :
Mais non, revenez m'aveugler,
Bravez ces clameurs indiscrètes !
Ah ! vous savez me consoler
De tous les maux que vous me faites.

C^{sse} de SALM.

LA FOIRE DE BEAUCAIRE.

Air : *Du vaudeville du charlatanisme.*

Voyez le Rhône au lit profond,
Dont le flot de menace parle,
Entre Beaucaire et Tarascon,
Bondir, puis s'élancer vers Arle.
Son onde caressant le bord,
Qui rappelle un bazar du Caire,
Semble vous inviter d'abord
A contempler l'heureux accord
De notre foire de Beaucaire.

Là, de l'Océan dépouillé,
Vous admirez sur ce rivage
La nâcre que rien n'a souillé,
La conque, charmant coquillage.
Ici, fier de trésors coquets,
L'Ara s'enfle dans son volume.
Plus loin, écoutez les caquets,
Des perruches, des perroquets,
Et de beaucoup d'autres sans plumes.

Près de vous, des joujoux d'enfants.
Non loin de la bijouterie,
Ruolz fait briller triomphants
Les produits de son industrie.
Urnes, sauciers couverts, dit-on,
Resplendissent d'un reflet jaune,
Et, par sa riche invention,
Avec un seul napoléon,
Il couvrirait d'or la colonne.

Avez-vous été visiter,
Sur l'enseigne sans orthographe,
L'animal dont j'osais douter,
Et qu'on appelle la Girafe?
De feuilles elle se nourrit,
Sans maux d'estomac, ni coliques,
Nous voudrions bien qu'elle apprît
A manger avec appétit
Toutes nos feuilles politiques.

Au cirque du fameux Boutor,
Comme on voit des bêtes savantes !
Là, souvent, les hommes ont tort,
Près de ces machines vivantes,
Quels tours ! quels travaux diligents
Le public paraît en délire.
Ne soyons pas plus exigents
Pour les bêtes que pour les gens,
Les chevaux, au moins, savent lire.

Avancez, messieurs, avancez :
Voici la Vénus toute nue ;
Quoi ! de pudeur vous frémissez ;
Voyez sa figure ingénue.
On anatomise Vénus ;
Chaque tissu se désapplique,
Et pour signe de ses vertus,
Bientôt on découvre un fœtus,
Preuve que c'est Vénus pudique.

Favorisé par le destin,
Qui veut qu'un talent fasse époque,
Là vous entendez Valentin,
Le grand, l'étonnant ventriloque.
De sa poupée, au ton badin,
La foule se montre occupée ;
On l'applaudit à tour de main,

Et toutefois il est certain
Qu'on y voit plus d'une poupée,

Entrons dans ce jardin joli,
Rempli de chant et d'harmonie;
C'est le jardin de Tivoli,
Où chaque table est bien garnie.
Admirez le temple des arts,
Centre des plaisirs légitimes ;
Mais prenez garde à vos foulards,
En buvant la bierre de mars,
A soixante et quinze centimes.

Voici le poupon virginal,
Voici la gentille fillette.
C'est un enfant phénoménal,
Que recouvre un long poil de bête,
Vous croiriez voir la rude peau
D'un chevreuil, d'un hippopotame,
Ou, pour le moins, celle d'un veau,
Et cependant c'est un agneau,
En attendant qu'elle soit femme.

Partout ce sont des cris, des chants :
On passe, on se pousse, on se rue;
Moins d'acheteurs que de marchands
Encombrent une étroite rue.
Le charlatan, l'escamoteur,
Le badaud, le Robert-Macaire,
Chacun provoque un amateur,
Qu'écorche le restaurateur...
Voilà la foire de Beaucaire.

E. DE PRADEL.

L'IDIOT.

BALLADE.

« Réveille-toi, je t'en prie, ô ma mère !
» Mais voyez donc comme elle dort !
— Roger, la mort a fermé sa paupière. »
Roger ne connaît point la mort.

Roger est grand et toujours dans l'enfance,
Il vit heureux sans souvenir,
Il vit heureux, sans peur, sans espérance,
Et sans penser à l'avenir.

En lui donnant la mère la plus tendre
Dieu lui fit une bonne part;
Seule ici-bas, elle savait comprendre
Son œil stupide et sans regard.

Elle l'aimait d'une vive tendresse;
C'était amour... c'était pitié.
Il chérissait sa mère avec ivresse,
Le ciel lui laissa l'amitié.

Elle était vieille, et sa jambe roidie
Ne pouvait plus se déployer.
Dans son fauteuil, immobile, engourdie,
Elle restait près du foyer.

Oh ! ce jour-là comme elle était malade,
Elle était triste ; elle souffrait ;
Roger disait : « Ma mère est bien maussade;
» Et cependant je n'ai rien fait. »

Elle mourut ; et tout le voisinage,
 En pleurant s'en vint l'entourer ;
Roger pleurait sans savoir davantage,
 Et parce qu'il voyait pleurer.

La messe est prête et la tombe est creusée,
 Du hameau la cloche a sonné,
De flots bénis la bière est arrosée :
 Roger était bien étonné !

Puis le convoi la porte au cimetière.
 Roger le suivit sans effroi :
Quand le cercueil disparut sous la terre,
 Alors il demanda : « Pourquoi ?

« Pourquoi, méchants, l'avez-vous enfermée ?
 » Quand elle va se réveiller,
» Il lui faudra sa place accoutumée,
 » Son grand fauteuil et son foyer. »

L'ombre est venue et la lune se lève ;
 Dans le cimetière il est seul.
La terre est fraîche, il l'écarte et soulève
 Sa mère dans son blanc linceul.

Le cœur joyeux il court à sa chaumière,
 Pressant ce corps inanimé ;
Dans son fauteuil il a remis sa mère,
 Et le foyer est allumé...

« Réveille-toi... car ta main est glacée,
 « Viens, ton lit te réchauffera. »
Toute la nuit il la tint embrassée,
 Et le matin il expira.

LES LONGS JOURS.

Air : *Cherchons nos amis dans les bois.*

En juillet, toute la nature,
Sous les chauds baisers du soleil,
Revêt sa plus riche parure
Et prend un éclat sans pareil ;
Le fermier compte et sait d'avance
Tous les fruits qu'il récoltera,
    Et déjà
Son cœur palpite d'espérance....
  De juillet les longs jours
  A son gré sont trop courts.

Au cabaret, sous la charmille,
Se vident de nombreux flacons ;
Du cidre qui mousse et pétille
On entend sauter les bouchons ;
Pris d'une soif insatiable,
Que redouble encor la chaleur,
    Le buveur

Glisse noblement sous la table....
De juillet les longs jours
Pour Bacchus sont trop courts.

La jeune et blonde pastourelle,
Sortant pour garder son troupeau,
Voit bientôt courir après elle
Un timide et doux jouvenceau;
Du bois les ombres solitaires
Et le feuillage si coquet,
   Si discret,
Pourraient conter bien des mystères....
   De juillet les longs jours
   Pour aimer sont trop courts.

P. Dumesnil.

LA MUSETTE.

Musique de Monsigny.

O ma tendre musette,
Musette des amours,
Toi qui chantais Lisette,
Lisette et ses beaux jours,
D'une vaine espérance
Tu m'avais trop flatté :
Chante son inconstance
Et ma fidélité.

C'est l'amour, c'est sa flamme
Qui brille dans ses yeux :
Je croyais que son âme
Brûlait des mêmes feux.
Lisette à son aurore
Respirait le plaisir.
Hélas ! si jeune encore
Sait-on déjà trahir ?

Sa voix, pour me séduire,
Avait plus de douceur.
Jusques à son sourire,
Tout en elle est trompeur ;
Tout en elle intéresse,
Et je voudrais, hélas !
Qu'elle eût plus de tendresse,
Ou qu'elle eût moins d'appas.

O ma tendre musette,
Console ma douleur ;
Parle-moi de Lisette :
Ce nom fait mon bonheur.
Je la revois plus belle,
Plus belle tous les jours :
Je me plains toujours d'elle,
Et je l'aime toujours.

La Harpe.

POURQUOI

Air : *Te bien aimer, ô ma Zélie.*

Pourquoi, quand on est si jolie,
Refuser hommage d'amour?
Pourquoi de cette fantaisie
Nourrir votre esprit chaque jour?

Pourquoi, mettant vos soins à plaire,
Trouverait-on à vous blâmer?
Pourquoi seriez-vous sur la terre
Si ce n'était pas pour aimer? } (bis.)

Pourquoi passer dans la tristesse
Des jours dest'nés aux plaisirs?
Pourquoi le temps de la jeunesse
S'écoule-t-il sans le saisir?
    Pourquoi, etc.

Pourquoi vous montrer si rebelle
Quand vous avez un si bon cœur?
Pourquoi vouloir être cruelle
Quand chez vous l'amour est vainqueur?

Pourquoi, mettant vos soins à plaire,
Trouverait-on à vous blâmer?
Pourquoi seriez-vous sur la terre
Si ce n'était pas pour aimer? } (bis.)

Nancy, imp. de Hinzelin et Cⁱᵉ.

LES
DEUX LIQUIDES.

AIR : *Tarare-Pompon.*

Près de mon Isabeau,
Dont l'œil est une amorce,
Je demeure sans force
Lorsque j'ai bu de l'eau ;
Mais à son tendre Hercule
Elle résiste en vain,
Quand dans mon cœur circule
  Du vin !

Soldat, sous mon drapeau,
Si le combat s'engage,
Je manque de courage
Lorsque j'ai bu de l'eau ;
Mais ma valeur trompée
Se réveille soudain,
Quand je l'ai bien trempée
  De vin !

Voulant d'un air nouveau
Egayer la soirée,
Ma voix décolorée
Meurt, si j'ai bu de l'eau;
Mais la brillante rose
Est moins fraîche au matin,
Quand je bois et l'arrose
    De vin !

Vers la nuit du tombeau,
Ce monde roule et marche
Et nous n'aurons point d'Arche,
Si Dieu le couvre d'eau ;
Mais, loin de tout refuge,
Je bénirai ma fin,
S'il nous donne un déluge
    De vin !

E. DE PRADEL.

LES AMOURS
DE M. PIERRE ET DE MADEMOISELLE DU ROSIER.

(Histoire morale des amours de monsieur Pierre et de mam'selle Du Rosier, la fille d'un marchand de plumes, où c'que l'on verra la morale que la fortune vient sans qu'on s'en doute, et qu'elle est ben près quand on la croit ben loin.)

Air du temps.

J'aimais m'am'selle du Rosier,
La fille d'un plumassier.
Mon père, qu'est un p'tit fermier,
   S'en vint le prier
   De nous marier.
La demande plut, on m'agréa ;
V'là qui va ben jusque-là.   (*bis.*)

(*Parlé.*) Comme quoi la fortune change le monde.

Sur la porte était écrit :
A l'enseign' du Gagne-Petit.
Je l'valions ben dans ce temps-là :
   A deux mois d'là,
   Ce n'est pas cela ;
Pus riche, il tourne à tout vent,
Comme les plumes qu'il vend.

(*Parlé.*) Tristesse et doléance de monsieur Pierre, en apprenant que ses espérances étioht sans espoir.

Qui m'avait dit oui, m'dit non :
V'là mon amour beau garçon !
Sa fille et moi, tout le jour
    J'pleurions, quand l'Amou,
    M'avisit d'un tour ;
Car un cœur ben amoureux
A toujours d'l'esprit pour deux.

(*Parlé.*) Comme il est bon queuque fois de pleurer devant son cher père.

J'vas cheux nous ; tout en entrant,
J'parle à mon ch'père en pleurant ;
Ça l'afflige ; et je dis sus ça :
— (En pleurant.)
    Quand i' vous plaira,
    Ça s'arrangera.
I' m'dit : Parle, et dans le moment,
(En pleurant plus fort, et en imitant l'attendrissement du père.)
Tu verras que t'es mon enfant.

(*Parlé.*) Stratagême de monsieur Pierre.

I' m'permet d'fair' de son bien
Tout comm' je ferais du mien.
Cheux les fermiers d'nos cantons
    J'mène ses moutons,
    Ses veaux, ses dindons
Je les troque, et je les vends
Pour des coqs et pour des paons

(*Parlé.*) Comme l'esprit i' fait ouvrir les yeux à tout le monde

Quand la fille au pèr' l'apprit,
I' fut surpris d'mon esprit;
Ça l'fit r'venir tout d'un coup.
    I' dit : v'là du goût !

(Avec un ton imposant.

    C'est toujours beaucoup,
Qu'à son âge on ait le bon sens
De s'accommoder au temps.

(*Parlé.*) Dénoûment-z-agréable des amours des deux amoureux, à la satisfaction des deux chers pères.

Vite i' m'rappell', et tant y a
Qu'tous deux i' nous maria.

(Avec joie.)

Quand la fill' al' m'vit choisir,
    Jugez du plaisir !...

(Comme si la joie lui coupait la respiration.)

    Ça vint nous saisir.
Ça prouv' que l'plaisir dépend
Des pleum's de coq et de paon.

LAUJON.

LE CHANT DU RETOUR.

Air : de l'Espérance.

Pour aller venger mon pays
Un jour j'ai quitté la montagne,
  Mes parents, mes amis
  Et ma jeune compagne,
  Me voici de retour,
  Encore une colline
  Et je vois la chaumine   ) bis.
  Où j'ai reçu le jour.

REFRAIN.

Déjà de joie et d'espérance,
  Oui d'espérance
Je sens battre mon cœur,
Car c'est là que finit ma souffrance,
Oui, pour moi c'est là qu'est le bonheur.

Bien souvent au milieu des camps,
Pensant aux malheurs de la guerre,
  Je disais que d'enfants
  Enlevés à leur mère.
  Des pleurs mouillaient mes yeux;
  Puis à tous ceux que j'aime
  Dans ma douleur extrême
  J'adressais mes adieux.
  Déjà de joie, etc.

Voici les champs, les prés, les bois,
Témoins si chers de mon jeune âge,
  Et là-bas j'aperçois
  Le clocher du village.
  Salut à mes beaux jours,
  A ma belle contrée,
  A ma mère adorée ;
  Salut à mes amours
    Déjà de joie, etc.

LA COUPE DE BACCHUS.

Air *Brabançon*.

Ne laissons pas la coupe vide !
Que nul ne demande merci.
Chaque goutte efface une ride,
Chaque verre noie un souci.

Saint breuvage, magique flamme,
Verse-nous tes feux à pleins bords,
Prête un autre corps à notre âme ;
Prête une autre âme à notre corps.

Purgeant les voûtes éternelles,
Un savant, jaloux de son vol,
De la foudre a coupé les ailes
Et l'enchaîne impuissante au sol.

Et nous, moins savants, mais plus sages,
Sans grimper aux hauteurs de l'air ;
Du sein des bachiques nuages
De l'esprit soutirons l'éclair.

Après que ce voleur sublime,
Prométhée, au ciel eut ravi
Le feu vivant qui nous anime,
Forfait d'un long remords suivi ;

Insouciant comme un poète,
Il vit, achevant son dessein,
Qu'il n'avait pas là d'urne prête
A cacher son hardi larcin.

Quoi ! monter si haut pour descendre !
Dans l'Olympe s'être glissé ;
Pour voir ainsi tomber dans l'ombre
Un espoir longtemps caressé !

Tout-à-coup, vision divine !
Dans les vastes plaines des cieux
Son œil qui cherche ou qui devine
Découvre un vase précieux :

Au milieu de l'éther sans voiles,
— Trésor qu'eût envié Crésus ! —
Dans la poussière des étoiles
Il voit.... la coupe de Bacchus.

Elle brillait, fine merveille,
Comme un phare en l'azur profond.
Restes du banquet de la veille,
Quelques gouttes perlaient au fond.

Larmes de suave ambroisie
Qui, loin du bienheureux séjour,
Feraient rêver la poésie
Ou feraient soupirer l'Amour !

Nectar céleste, âme immortelle,
S'accouplant comme au sein d'un nid
Dans une flamme fraternelle
Confondent leur foyer béni.

Voilà pourquoi ton étincelle,
Baume enchanteur, philtre divin,
Nous enivre et nous ensorcelle,
O puissante liqueur du vin.

Voilà pourquoi dans notre verre
Ton jus qui console et guérit
Donne un sourire au front sévère,
Donne une larme à l'œil qui rit.

Ne laissons pas la coupe vide !
Que nul ne demande merci.
Chaque goutte efface une ride,
Chaque verre noie un souci.
Eugène Imbert.

L'ISOLEMENT.

Air : *de Préville et Taconnet.*

La nature a mis dans notre âme
La crainte d'être abandonné ;
On aime le monde qu'on blâme ;
Qui s'isole est infortuné :
Le misanthrope en vain se fonde
Sur quelques sophismes pompeux ;
De tous les maux le plus affreux
C'est de se croire seul au monde.

Est-on joué par sa maîtresse,
Est-on trompé par son ami,
Est-on l'objet d'un trait qui blesse,
Par la fortune est-on trahi ?
Contre le sort on peste, on gronde,
On s'emporte, et l'on n'a pas tort ;
Mais tout cela vaut mieux encor
Que de se croire seul au monde.

Dans une prison solitaire
Un infortuné renfermé,
D'un mal que rien ne vient distraire,
Lentement se sent consumé :
Au sein de sa douleur profonde
Qu'un compagnon lui soit offert,
Au bonheur son cœur s'est r'ouvert,
Il ne se voit plus seul au monde.

L'avare, dans sa solitude,
Mourant de frayeur ou d'ennui ;
Dévoré par l'inquiétude,
Le vieux garçon privé d'appui ;
Le méchant qui blesse, qui fronde ;
Et l'égoïste, et l'envieux,
Tous sont à jamais malheureux,
Parce qu'ils n'ont vu qu'eux au monde.

Il est pourtant, il faut le dire,
Un doux et cher isolement,
C'est celui qu'un tendre délire
Fait désirer au tendre amant.
D'une solitude profonde
Alors on craint peu la rigueur ;
Quand on n'est pas seul dans son cœur,
On n'est jamais seul dans le monde.

C^{sse} de Salm.

JEUNESSE ET VIEILLESSE.

Air : *Je loge au quatrième étage.*

Deux saisons, par bien des contrastes,
Nous montrent leurs différents traits ;
L'une éveille les projets vastes,
Et l'autre amène les regrets.
De mes désirs, je le confesse,
Chacune absorbe la moitié ;
En amour, vive la jeunesse,
Et la vieillesse en amitié !

Par plus d'un charmant sortilége,
La beauté flatte nos regards ;
Mais, par un autre privilége,
L'esprit commande nos égards.
De la beauté le charme cesse,
Quand de l'esprit croît le pouvoir ;
En attraits, vive la jeunesse,
Et la vieillesse en vrai savoir !

A la fontaine de Jouvence,
On revendique son printemps ;
Mais toujours le temps qui s'avance
Emporte nos plus doux instants.
On voit s'affaiblir en richesse
Plus d'un bon vin de Languedoc :
De l'Aï vive la jeunesse,
Et la vieillesse du Médoc !

Plus d'un écrivain fantastique
Aux sifflets publics a des droits,
Quand il veut du Parnasse antique
Détrôner les sublimes rois.

Les chantres de Rome et de Grèce
Offrent mille agréments divers;
De leur goût vive la jeunesse,
Et la vieillesse de leurs vers!

Tant que de son sang dans les veines
Bouillonne la vivacité,
A des luttes, souvent fort vaines,
Un jeune brave est excité.
Du vieux guerrier, par droit d'aînesse,
La prudence reste en éveil :
A l'assaut, vive la jeunesse,
Quand la vieillesse est au conseil !

Jeux de l'amour, jeux de la guerre,
Sont faits pour la verte saison;
Une affection moins précaire
Assure un trône à la raison.

Lorsqu'un doux intérêt nous presse
Et que de joie il fait bondir,
Pour chanter, vive la jeunesse,
La vieillesse pour applaudir !

Albert Montémont.

LE MIROIR.

Air *du Chien docile.*

Un chansonnier, selon ses vœux,
Chante l'objet qui sait lui plaire;
Aidé du champagne mousseux,
Je veux aussi me satisfaire.
Mon sujet fait plaisir à voir,
Au beau sexe il est fort utile;
Enfin à la cour, à la ville,
On s'en sert, et c'est un... miroir.

D'Ignace, ignorant nourrisson,
Pourquoi blâmer l'art de Thalie,
Chaque pi ce est une leçon
Qu'en riant donne la folie;
Là, chacun peut s'apercevoir,
Pour peu que chacun s'étudie,
Car la joyeuse comédie
De ce monde est le vrai miroir.

Lise, de toi chacun se rit,
Il est temps de devenir sage,
Il te faut, quoiqu'avec dépit,
Commencer cet apprentissage.
Le temps étendant son pouvoir,

Sur des traits dont tu fus si vaine,
Te dit, qu'ayant la soixantaine,
Tu n'as plus besoin de miroir.

Dans un salon armorié
Où brille la fière opulence,
Un vil troupeau salarié
D'un sot entretient l'insolence :
Rien n'est égal à son savoir,
En tous lieux on cite sa mise,
Et cet homme qu'on preconise
Vaut son prix vu dans un miroir.

Les soins d'un habile coiffeur,
Les secours de l'art cosmétique,
Un corset cachant une fleur
Font d'Alix un être angélique,
Lorsque belle, sans le savoir,
Eglé, fille de la nature,
Douce, modeste, simple et pure,
D'un clair ruisseau fait son miroir.

Ah! croyez-moi, sexe adoré,
Chez qui parfois l'amour se glisse,
Le cœur a toujours préféré
La beauté, vierge d'artifice,
Dents d'émail, teint de lis, œil noir,
Pied mignon, blonde chevelure ;
Voilà la plus belle parure,
A-t-elle besoin de miroir ?

A. Miroir.

PETITE FLEUR.

Air : de la rose de Noël.

Que cherches-tu, petite fleur ?
Par ce temps-ci quoi donc t'amène ?
Cacherais-tu quelque âme en peine
De connaître aussi le bonheur ?

As-tu donc percé glace et neige
Pour venir réjouir un peu
Celui que la misère assiège,
Celui qui n'a ni feu ni lieu ?

Rose de Noël, ton calice
Doit-il orner le drap des morts ?
A la vierge au cœur sans remords,
Viens-tu pour servir de cilice ?

Que cherches-tu, petite fleur ?
Moi, je cherche fleurette amie,
Ce qui nous fait aimer la vie,
Ah ! moi, je cherche le bonheur !

Le bonheur ! je le suis — regarde !
Mais regarde sans me souiller,
Ou bien, comme lui, je ne tarde
A disparaître, — à m'effeuiller !

Micaud.

LA ROSE DU MATIN.
Air du Printemps.

Jeune rose, amour du zéphir,
Que ses baisers ont embellie,
Hier, sur ta tige affaiblie,
Tu languissais, prête à mourir.

Souffle d'amour t'a ranimée
Pour ne vivre hélas! qu'un matin;
Un matin; tu seras aimée;
Ne déplore pas ton destin!

Je vois s'accumuler des jours
Que n'embellit point l'espérance,
De mon inutile existence,
Je vois se prolonger le cours.
Toi que l'amour a ranimée
Pour ne vivre hélas! qu'un matin,
Toi qui fus un moment aimée,
Ne déplore pas ton destin!

Tu meurs, zéphir te cherche en vain,
Tu meurs... hélas! je vis encore!
Pauvre fleur, tu venais d'éclore;
Mais j'ai langui dans le chagrin.
Souffle d'amour t'a ranimée
Pour ne vivre hélas! qu'un matin,
Mais un moment tu fus aimée;
Rose, il fut heureux ton destin!

ALBÉRIC.

Nancy, imp. de Hinzelin et Cⁱᵉ.

LES AFFINITÉS.

Air *du Piége*.

Au Jardin-des-Plantes, un jour,
Ayant porté ma rêverie,
J'examinais de ce séjour
La splendide ménagerie.

Amateur des variétés
Que dans cette vie on renomme,
J'observais les affinités
Qu'on trouve entre la bête et l'homme.

Aux plis tortueux du serpent
Que sa cage étale en spectacle,
Je songeais à l'homme rampant
Qui se courbe autour de l'obstacle.
Du fat au superbe dédain
Le paon me rappelait l'emblême ;
Au lièvre agile, au léger daim
J'assimilais l'écolier même.

Nos barbus avaient du lion
Adopté l'ample chevelure,
Et maints grands du caméléon
Prenaient les couleurs et l'allure.
A la manœuvre du renard
Guettant la poule domestique,
Je comparais la ruse et l'art
Que l'intrigant met en pratique.

Du vautour le cruel tourment,
Né de la peur d'une disette,
Peignait l'avare incessamment
Plein de frayeur pour sa cassette.
Le crocodile, affreux glouton,
Indiquait le lourd gastronome,
Qui, dans les mets jusqu'au menton,
Sans calmer sa faim les consomme.

Lorgnant de naïfs tourtereaux
Qu'embrase une innocente flamme,
J'imaginais des pastoureaux
Qui s'ouvrent le fond de leur âme.

Du monotone perroquet
La bavarderie éternelle
Retraçait l'ennuyeux caquet
D'une vieille sempiternelle.

Dans le pélican dont le soin
Entoure sa jeune famille,
Je voyais un père, au besoin,
S'immoler pour doter sa fille.
Chez la tortue au pas tardif,
Eclatait la raison du sage,
Qui, dans son cours méditatif,
Du bonheur nous apprend l'usage.

Ici, dans sa large prison,
Le singe, aux vives pirouettes,
Reproduisait à sa façon
Les talents de nos girouettes.
Là, faisant patte de velours,
Une chatte, alerte en sa geôle,
Ressuscitait les heureux tours
De la beauté qui nous enjôle.

Plus loin, en scrutant du regard
Un hibou de funeste augure,
Il me semblait voir à l'écart
D'un jaloux la triste figure.
Mais, disais-je, quand la beauté
De la constance offre un modèle,
Chacun devrait, en vérité,
Tenir un peu de l'hirondelle.

Ailleurs, en observant de l'ours
Les gambades, les traits mimiques,

Je retrouvais de maints balourds
Les allures non moins comiques ;
Tandis qu'en son air goguenard,
L'éléphant, type de prudence,
D'un diplomate fin renard
Mettait la ruse en évidence.

Si, reculant vers son marais,
L'écrevisse attirait ma vue,
Des adversaires du progrès
Je croyais faire la revue.
Le loup-cervier aux vils penchants,
Signalait les croupiers de Bourse ;
Le tigre annonçait les méchants,
Et le rat l'esprit de ressource.

A côté de riants berceaux
Qu'abritait une vaste serre,
J'aperçus le roi des oiseaux
Ouvrant sa formidable serre.
Dans cet ingénieux rapport
De la force aux ailes unie,
Régnait l'harmonieux accord
De la puissance et du génie.

En somme, du bien et du mal
La persévérante habitude
Marque entre l'homme et l'animal
Une étrange similitude ;
Et d'après ces comparaisons
Sur notre humaine créature,
Nous aurons toujours des raisons
Pour rendre grâce à la nature.

ALBERT-MONTÉMONT.

A LA BRISE.

ROMANCE.

Brise, qui fais fleurir la rose,
Qui rafraîchis la fleur des bois,
Qui chasses le nuage rose
Et qui gémis comme une voix;
Toi, sœur de celle qui décore
La corolle des jeunes fleurs;
Toi, c'est le souffle de l'aurore,
La rosée et ses tendres pleurs.

C'est toi qui portes sur tes ailes
Tous les doux parfums d'ici-bas;
Le papillon aux ailes frêles,
L'abeille dans ses doux ébats;
Et l'oiseau, sur les fleurs mi-closes,
Par ton concours harmonieux,
Célèbrent la vie et ses roses,
Dans un chant de la terre aux cieux.

A l'heure où le soir sur la terre,
Fait cesser les chants du matin;
A l'heure où règne le mystère,
Tu m'apportes un son lointain :
— Voix qui berças mon premier rêve,
Doux son que mon cœur aime tant,
Est-ce toi qui viens faire trêve...
— Non, c'est le glas du jour mourant.

Or, à cette heure solitaire,
Viens m'apporter un souvenir
De celle qui me fut si chère,
En qui j'ai foi dans l'avenir.
Dis-moi le son de sa voix d'ange,
Les accents de sa harpe d'or:
Si son amour est sans mélange;
Puis, ô brise! prends ton essor.

Auguste Léger.

LE CHANT DU SOIR.

Air *de Charlotte*.

L'astre du jour s'enfuit;
Déjà brille l'étoile
Qui nous montre le voile
De la splendide nuit!
Tout est silencieux;
L'onde seule murmure:
Admirons la nature
Dans ses faits merveilleux!

Allons, sur le déclin du jour,
Amis, terminons notre ouvrage,
Pour rendre un solennel hommage
Au Dieu de paix, d'amour!

Rossignols, gais oiseaux,
Par votre voix divine,
Vous charmez la colline,
Ainsi que nos hameaux.
Oui, j'aimerai toujours
Votre tendre ramage
Qui rappelle au plus sage
La saison des amours.

Allons, sur le déclin du jour,
Amis, terminons notre ouvrage,
Pour rendre un solennel hommage
Au Dieu de paix, d'amour !

    Respirons un air frais ;
    N'attendons pas l'aurore ;
    Chantons, chantons encore
    Quelques joyeux couplets.
    Mais regardons les cieux :
    Quelle douce harmonie !
    L'image de la vie
    Resplendit à nos yeux !

Allons, sur le déclin du jour,
Amis, terminons notre ouvrage
Pour rendre un solennel hommage
Au Dieu de paix, d'amour !

J.-B. Léger.

CORA.

ORIENTALE.

Cora, viens sous les voiles
De mon joli bateau,
Contempler les étoiles;
Oh! viens, le ciel est beau!

Sur la vague azurée,
Bien loin du récif noir,
Chantons, mon adorée,
Les douceurs d'un beau soir!

Oh! que j'aime la flamme
Qui brille dans tes yeux,
Lorsque la nuit, ton âme,
S'égare dans les cieux.

J'aime ta voix vibrante,
Qui fait battre mon cœur;
Ton haleine enivrante
Et ton beau front rêveur.

J'aime ta hanche fine,
Le bronze de ta peau,
Et ton col qui s'incline
Comme un léger roseau.

J'aime tes dents de perles,
Tes lèvres de corail;
Tes douces mains si frêles,
O reine du sérail!...

Louis MERCIER.

LES CRINOLINES.

Air de l'Angelus.

Pour quoi rappeler, de nos jours,
Les gros paniers de nos grand'mères?
Ils convenaient aux Pompadours,
Pour cacher leurs petits mystères.
Mesdames, le bon goût le dit,
Loin d'orner votre taille fine,
Ce faux ballon vous enlaidit :
Abondonnez la crinoline.

A la jupe on met tant d'ampleur,
Qu'on n'a plus rien pour le corsage;
Aussi, du regard la pudeur
Est-elle exposée, au passage!
Autant d'étoffe, au plus haut prix,
Peut vous mener à la ruine :
Pour la bourse de vos maris,
Abandonnez la crinoline.

Quelle est donc votre ambition?
Quand la femme doit être belle,
Faut-il en faire un bastion?
Voire même une citadelle?
Quand Praxitèle, aux anciens jours,
Voulut représenter Cyprine,
L'affubla-t-il de ces atours?
Abandonnez la crinoline.

Montez-vous dans votre coupé,
Pour vous promener hors barrière,
L'intérieur est occupé,
Et Monsieur reste à la portière.
En dehors flottent les volants,
Au gré de la brise badine...
Pour mettre vos maris dedans
Abandonnez la crinoline.

Par la lionne, au pied léger,
Lorsque la ville est parcourue,
Les passants doivent se ranger:
A deux vous encombrez la rue.
Voyez si les Grâces, vos sœurs,
Se rappelant leur origine,
Portaient de ces jupons menteurs?
Abandonnez la crinoline.

Dans la *Comtesse du Tonneau*,
Déjazet peut jouer un rôle;
Sur le théâtre c'est fort beau,
Mais par la ville c'est bien drôle!
Brillez toujours dans les salons,
Par une tournure divine,
Mais à l'air laissez les ballons;
Abandonnez la crinoline.

Craignons qu'au tourbillon du bal,
Où vos robes s'enflent si fières,
Il ne vienne un zéphir fatal
Qui vous enlève en Montgolfières;
Votre beauté, dans son essor,
Au rang des astres vous destine...,
Nous voulons vous garder encor,
Abandonnez la crinoline.   ARDUSSET.

L'EXIL

Air : *Te bien aimer, ô ma chère Zélie.*

Abandonnez une terre étrangère,
Légers oiseaux, venez, ne craignez plus ;
Les noirs frimas qui vous faisaient la guerre,
Loin de ces bords sont enfin disparus.

Dans le vallon, la rose vient d'éclore ;
Ses doux parfums appellent le Zéphir :
L'onde murmure, et la naissante Aurore,
En s'éveillant, vous invite au plaisir.

Ne tardez plus, cédez, troupe fidèle,
Cédez encor à de nouveaux désirs ;
Chaque arbrisseau, chaque feuille nouvelle,
Vous redira de touchans souvenirs.

Voici l'ormeau dont le mobile ombrage
Vous protégea durant vos premiers jours ;
Ce marronnier couvrit de son feuillage
Le doux secret de vos jeunes amours.

Enfants de l'air, que je vous porte envie !
Dans votre essor, échappés au vautour
Vous reverrez demain votre patrie :
Elle entendra votre chant de retour.

Et moi, traînant mes ennuis solitaires,
J'appelle en vain mes tranquilles vergers :
Pauvre exilé, loin du toit de mes pères,
Je vais pleurant sur des bords étrangers.

M. DELISLE-SÉJOURNÉ.

GARDE A VOUS!

Air de *la Ronde du Camp de Grandpré.*

D'une vaine chimère,
Jeunes gens trop épris,
Au toit héréditaire
Qui préférez Paris;
Courez dans cet asile
Des plaisirs les plus doux;
Mais dans la grande ville,
Garde à vous, garde à vous!

La table a des délices,
Et vous êtes gourmands;
Mais pour vous les épices
Sont de vrais poisons lents.
D'un vin pur et sans drogue
Vous aimez les glous glous;
Chez nos traiteurs en vogue,
Garde à vous, garde à vous!

Au numéro cent treize
Conduits par des amis,
Je vous vois tout de braise,
Pour l'argent du tapis;
La fortune follette
Vous fait gagner deux coups,
Demain à la roulette,
Garde à vous, garde à vous!

Cent beautés sous les armes
Vont au bal chaque nuit,
Vous admirez leurs charmes,
Leur esprit vous séduit;
De l'une de ces belles
Vous brûlez d'être époux;
Près de nos demoiselles,
Garde à vous, garde à vous!

De la scène idolâtres,
De Molière surtout,
Vous croyez nos théâtres
Des modèles de goût :
Vous détestez le drame,
Les poignards, les verrous;
On donne un mélodrame,
Garde à vous, garde à vous!

La bonne médecine
Ne se fait qu'à Paris,
Par sa sainte doctrine
Croyez vos maux guéris;
Moi, j'en rirai sous cape;
Car, soit dit entre nous,
Avec maint Esculape,
Garde à vous, garde à vous!

J.-A. JACQUELIN.

IL FAUT POUSSER.

CHANSONNETTE.

Air : *Rarement, moi, je m'aventure.*

Au tribut voulant me soumettre,
Ma plume court sur le vélin.
Sur un air il suffit de mettre
Quelque sujet vif et malin,
Quand avec plaisir on compose
Pourrait-on jamais se lasser?...
Un refrain est bien peu de chose,
Ce n'est qu'un mot qu'il faut pousser.

Je fais grand cas de don Bazile :
Contre son art, peut-on nier
Qu'il soit nul abri, nul asile?
Gloire à qui sait calomnier !
Ainsi, dans sa terrible serre,
L'aigle tient de quoi terrasser,
Et pour abattre un adversaire,
Ce n'est qu'un trait qu'il faut pousser.

D'ambition l'âme nourrie,
Rêve l'éclat de tel ou tel ;
Grâce à la camaraderie,
Plus d'un sot devient immortel.
Aux beaux jours d'Athènes et de Rome,
Le talent pouvait se hausser :
Aujourd'hui, pour faire un grand homme,
Ce n'est qu'un nom qu'il faut pousser.

Je ris de la fureur niaise
De nos heureux dil*t*tanti,
S'exclamant et se pâmant d'aise
Aux chants de Damoreau-Cinti.
En vérité, quoiqu'on rabâche,
Sur l'art que tous vont encenser,
Pour être un Duprez, un Lablache
Ce n'est qu'un son qu'il faut pousser.

Chacun se débat et se presse,
Dans un pêle-mêle affligeant.
A tout prix on veut la richesse,
Tant chez nous on aime l'argent.
La recette est simple, opportune,
Quand on désire en amasser :
Pour suivre de près la Fortune,
Ce n'est qu'un char qu'il faut pousser.

L'esprit est, dit-on, chose rare;
Selon moi, qui veut en avoir,
Du Dieu qui n'en est point avare,
Doit invoquer l'heureux pouvoir.
Bons mots que le sel accompagne,
Traits piquants, saillie à lancer;
Tout est dans l'esprit du champagne;
Ce n'est qu'un gaz qu'il faut pousser.

E. DE PRADEL.

Nancy, imp. de Hinzelin et Cie.

LA COMÈTE.

Air Des *Trouvères*, de Monfle.

Quelle étrange nouvelle, en tous lieux répandue,
Nous annonce un dernier matin?
Le front d'une comète, au passage certain,
S'en va heurter, dit-on, notre terre éperdue,
Et terminer notre destin.

    Malgré ce noir présage,
    A l'exemple du sage,
De roses parfumons nos jours ;
Aimons, chantons, rions toujours ;
Non, non, point de lâche faiblesse ;
Et loin que l'espoir nous délaisse,
    A nous la gaîté,
    Le vin, la volupté !

Sa queue, aux millions que le calcul embrasse,
De ses replis nous entourant,
Contre nous de ses feux lancerait le torrent,
Et de notre planète effacerait la trace,
En suivant son cours dévorant!
    Malgré, etc.

Ces monuments des arts, ces merveilles du monde,
Elevés par la main du Temps,
A ce choc, précédé de foudres éclatants,
Crouleraient ; et soudain notre machine ronde
S'éteindrait, veuve d'habitants !
    Malgré, etc.

ENCYCLOPÉDIE CHANTANTE.   15

Eh quoi! bons et méchants, dans ce commun nau-
  Seraient emportés à la fois ;   [frage,
La puissance éternelle, aux immuables droits,
Sans pitié sur nous tous, détruisant son ouvrage,
  Ferait peser de dures lois!

  Malgré, etc.

Ainsi, dans sa candeur, la vierge radieuse
  Avec la Phryné périrait ;
A cet affreux désastre, un Homère verrait
Du Zoïle impuni la haine insidieuse
  L'atteindre de son dernier trait!

  Malgré, etc.

Au milieu des périls et du désordre extrême
  De ce cataclysme nouveau,
Quoi! le vice et l'honneur seraient mis de niveau!
Le crime épouvantable et la vertu suprême
  N'auraient plus qu'un même tombeau!

  Malgré, etc.

Mais cependant, s'il faut que notre espèce humaine
  Succombe sous l'orbe vainqueur,
Siérait-il d'épargner l'enivrante liqueur?
Qu'elle inonde nos sens et vite nous ramène
  Les plaisirs qui partent du cœur,

  Malgré, etc.

Surtout si la beauté, que la grâce décore,
  Doit s'évanouir à son tour,
Modernes Balthazars, condamnés sans retour,
Epuisant nos celliers, n'oserions-nous encore
  Sabler le nectar de l'amour?

  Malgré, etc.

Enfin, près d'assister à la ruine immense
  De notre globe infortuné,
Ineffable rayon, de Dieu même émané,
Notre âme ne peut-elle invoquer la clémence
  Du ciel, aux bons cœurs destiné?

  Malgré, etc.

Mais non : croyons plutôt que l'astre aux longs voya-
  En arrivant plus près de nous,   [ges,
Mûrira nos coteaux, rendra nos vins plus doux,
Et qu'aussi les progrès, flambeaux de nos rivages,
  Luiront sur les mondes jaloux.

  Acceptons ce présage;
  A l'exemple du sage,
De roses parfumons nos jours;
Aimons, chantons, rions toujours:
Non, non, point de lâche faiblesse;
Et loin que l'espoir nous délaisse,
  A nous la gaîté,
  Le vin, la volupté!

    ALBERT-MONTÉMONT.

C. Jacquin (de Grenoble).

LE FORBAN.

ROMANCE.

Soutien de l'innocence,
Du pauvre en son malheur ;
Que je crains ta puissance,
Qu'elle trouble mon cœur !

Je suis forban, maître de l'onde,
Je ne reconnais pas de loi ;
Et pourtant, quand l'orage gronde,
Je m'agenouille devant toi !

Toi, qui tiens le tonnerre ;
Toi, qui lances le feu ;
Qui fécondes la terre,
Ne serais-tu pas Dieu ?

Je suis forban, etc.

La voix de la tempête,
Vient me remplir d'effroi ;
Mon orgueilleuse tête
Se courbe devant toi !

Je suis forban, maître de l'onde,
Je ne reconnais pas de loi ;
Et pourtant, quand l'orage gronde,
Je m'agenouille devant toi !

C. LALLIAT (de Grenoble).

L'INCRÉDULE.

Air : *Et lon, lon, la, laderirette.*

De son innocente lyre
Valsain, dit-on, tirera
Des chants nés d'un beau délire,
Qu'Apollon inspirera...
  Et lon lon la,
  Qu'il nous en tire,
  Et lon lon la,
  On l'entendra.

Damis au théâtre aspire;
Son style malin plaira :
Mais n'aimant que la satire,
Partout sa dent paraîtra...
  Et lon lon la,
  Qu'on la lui tire,
  Et on lon la,
  Car il mordra.

Au tir, sur le point de mire,
Blinval vous démontrera
Qu'à tout coup il peut détruire
L'homme qu'il ajustera...
  Et lon lon la,
  Qu'il nous en tire,
  Et lon lon la,
  On l'attendra.

Quand aux bords du sombre empire
La fièvre nous mènera,
Entendez Purgon vous dire :
« Mon art seul vous sauvera... »
    Et lon lon-la,
    Qu'il nous en tire
    Et lon lon la,
    On le croira.

Dans sa cave, qui m'attire,
Grégoire vous montrera
Des tonneaux faits pour séduire,
Pleins d'un jus qu'on vantera...
    Et lon lon la,
    Qu'il nous en tire,
    Et lon lon la,
    On en boira !

                E. DE PRADEL.

J'AIME À BOIRE.

Air : *Oh ! quand viendra la belle*, etc.

Mortels, quand je suis sur ma tonne,
Je me crois au-dessus de tout ;
J'admire les fruits de l'automne,
Doux fruits que l'on chante partout.
Au lieu de parcourir la terre,
Pour moissonner de beaux lauriers,
J'aime bien mieux remplir mon verre
Et chérir nos nombreux celliers.

Mes amis, j'aime à boire,
A boire, à boire du bon vin ;
Et ma plus grande gloire
Est de vider mon verre plein ! (*bis.*)

Un financier court à la Bourse
Pour réaliser quelque gain ;
Et moi, quand je reprends ma course,
C'est pour déguster le bon vin.
Si l'on calcule un bénéfice,
Je porte un toast au vieux Bacchus,
Et je lui dis sans artifice :
« Allons à table avec Comus ! »

Mes amis, etc.

Lorsque j'entends un auteur grave
Discourir sur notre destin,

PARIS.

Air de *Châteaubriand* ou *d'Octavie*.

O beau Paris, capitale du monde,
Autour de toi roulent les nations;
Oui, de ton sein la science féconde,
Comme un soleil darde ses purs rayons !

Tes monuments, tes palais et tes dômes,
Des arts divins attestent la splendeur;
Le Panthéon, asile des grands hommes,
A l'univers montre notre grandeur.

L'Anglais, le Russe et les peuples d'Asie,
Dans ton enceinte accourent t'honorer;
Et tes bienfaits embellissent leur vie :
Peuples divers, venez vous inspirer.

Littérateurs, astres d'intelligence,
C'est à Paris qu'on vous retrouve encor;
Historiens, vous, l'honneur de la France,
Partout, partout on lit vos livres d'or !

Sous un beau ciel, que réfléchit la Seine,
Brille, Paris, phare du genre humain;
Que ton génie, ô ville souveraine!
Trace toujours des arts le beau chemin.

Jean-Baptiste LÉGER.

LES QUATRE AGES DE LA VIE.

Air : *Te souviens-tu*, etc.

Le vrai bonheur nous berce dans l'enfance ;
Sans passions, purs comme le zéphir,
O beaux enfants ! qu'entoure l'innocence,
Egayez-vous, allez vous réjouir !
Sur votre front, rayonne la tendresse ;
Votre visage est riant et divin :
Faudra-t-il donc que votre cœur s'oppresse, } (bis.)
Quand la candeur charme votre matin ?

Votre jeunesse, ardente et pure flamme,
Vous trouve enfin ivres d'un saint amour ;
L'être adoré vous fait aimer la femme,
Que vous rêvez chaque nuit, chaque jour.
Pour vous unir, un hymne d'allégresse
Vient retentir au milieu de l'hymen ;
Autour de vous tout le monde s'empresse, } (bis.)
Quand la candeur charme votre matin.

Dans l'âge mûr, au sein de la famille,
Vit-on en paix du fruit de ses labeurs ?
Effets du sort, ô race si gentille !
Des noirs soucis voici les précurseurs :
Voyez s'enfuir au loin notre espérance,
Illusions que se fait tout humain.
Que reste-t-il ? une pâle souffrance, } (bis.)
Que la candeur ignorait au matin.

L'hiver accourt où s'endort la nature :
Les fleurs, les fruits alors sont disparus ;
Jadis les champs étalaient leur verdure,
Mais aujourd'hui ces beautés ne sont plus.
Ainsi, vers nous, apparaît la vieillesse,
En répétant ce douloureux refrain :
Adieu ! plaisirs ; adieu ! verte jeunesse, }(bis
Que la candeur saluait au matin.

Jean-Baptiste Léger.

LE RETOUR DU MARIN.

Air : *Doux souvenirs de mon pauvre village.*

Salut ! riche vallée,
Qu'autrefois j'aimais tant,
Que la brume a voilée
De son voile changeant.
Salut ! verte montagne,
Où j'ai reçu le jour ;
Salut ! belle campagne ;
Me voici de retour.

Je vais revoir ma paisible chaumière,
Assise à l'ombre des ormeaux ;
Adieu ! mer orageuse et fière ;
Adieu ! sourds murmures des flots.

Clocher de mon village,
Tout près de nos rochers,
Où, dans un long orage,
J'ai porté mes pensers ;
Vénérable et vieux hêtre
Que j'ai vu tant de fois,
Toits de chaume champêtre :
Salut ! je vous revois !

Je vais revoir ma paisible chaumière,
Assise à l'ombre des ormeaux ;
Adieu ! mer orageuse et fière ;
Adieu ! sourds murmures des flots.

Cette rêveuse plage
M'abritera toujours,
Comme après un orage
On trouve les beaux jours.
Oui, le ciel m'est prospère,
Il m'amène en ce lieu ;
Bientôt, chez mon vieux père,
Je rendrai grâce à Dieu.

Ah! je revois ma paisible chaumière,
Assise à l'ombre des ormeaux ;
Adieu! mer orageuse et fière ;
Adieu! sourds murmures des flots.

Auguste Léger.

ROSE D'AUTOMNE.

Air de *Mes vingt ans* ou *de la Voix du canon.*

Lorsqu'on te voit, ô rose solitaire !
Tu fais rêver aux souvenirs passés ;
De ton parfum, le baume salutaire,
Ne pourrait plus guérir les cœurs blessés.
Le froid du soir fait pâlir ta corolle,
Les amoureux tu ne peux plus charmer ;
D'amour éteint, trop douloureux symbole, }(bis.)
Rose d'automne, on ne peut plus t'aimer.

Fleur de printemps, comme une violette,
La jeune vierge expose sa candeur ;
Rose d'été, la femme moins coquette,
Montre à nos yeux sa grâce et sa fraîcheur.
Mais toi, déjà sur le soir de la vie,
Tes yeux en pleurs bientôt vont se fermer ;
Ta tête penche avec mélancolie : }(bis.)
Rose d'automne, on ne peut plus t'aimer.

Lucas était épris de sa Louise,
Mais pour Mignon elle fit d'autres vœux ;
Et ce dernier, léger comme la brise,
Ravit son cœur et lui fit ses adieux.
Elle revint, vierge découronnée,
Trouver celui qu'elle avait su charmer ;
Lucas répond à cette fleur fanée : }(bis.)
« Rose d'automne, on ne peut plus t'aimer. »

Amants heureux, qui vivez de mystères,
Qui vous bercez dans un espoir lointain ;
Lorsque sourit le printemps éphémère,
Allez cueillir la rose à son matin.
N'attendez pas qu'en votre âme engourdie,
Le feu du ciel ne puisse s'allumer,
Et qu'on vous dise, au déclin de la vie : } *(bis.)*
« Rose d'automne, on ne peut plus t'aimer.»

Auguste Léger.

Nancy, imp. de Hinzelin et Cie.

L'ORIGINAL.

Air : *Sous une paupière innocente,*
    ou *de Dorillas.*

Dans la maison où je demeure
Habite un grand original ;
Je ne crois pas, jusqu'à cette heure,
Qu'on ait rencontré son égal :
Avec zèle j'ai beau tout faire
Pour soutenir ses intérêts ;
Il me parle peu, d'ordinaire,
Et ne me regarde jamais.

De ceux qu'il dédaigne ou qu'il raille
Il n'a ni l'esprit ni le ton.
A l'Opéra, parfois, il bâille ;
Souvent il s'endort au sermon :
Passant la moitié de sa vie
Avec quelques livres choisis,
A la meilleure compagnie
Il préfère un ou deux amis.

Il a quatre yeux, et n'y voit guère,
Bien qu'il distingue nos travers ;
Comme un poëte, peu sévère ;
Il prend ses rimes pour des vers :
Assez peu porté pour la table,
A table il se met tous les jours ;
Vénus lui paraît fort aimable,
Vénus ne lui plaît pas toujours.

Par une autre bizarrerie,
Attendant le sommeil au lit
Il a conservé la manie
De se coucher avant minuit :
En suivant la vieille méthode,
Il se lève avant déjeûner ;
Et, pour insulter à la mode,
Il ne soupe qu'après dîner.

Cette esquisse, fort infidèle,
Est loin d'offrir son vrai portrait ;
Pour qu'elle ressemble au modèle,
Tout doit s'y montrer imparfait
Cependant, malgré votre envie,
Si j'en ai dit trop peu de mal,
Songez que de cette copie
C'est moi qui suis l'Original.

AUX PLEURS
DE LA BIEN-AIMÉE.

ROMANCE.

O larmes de ma bien-aimée !
Signe d'un mal mystérieux,
D'où viens-tu, rosée embaumée ?
Du calice pur de ses yeux.

Dans ce cœur exquis que j'adore,
De quel deuil venez-vous, ô pleurs !
Charmants comme ceux de l'aurore,
Mais tristes comme les douleurs ?
De quelle souffrance profonde,
Profonde comme l'eau des mers,
Naissez-vous, perles de Golconde,
Blanches filles des flots amers ?

O larmes de ma bien-aimée !
Signe d'un mal mystérieux,
D'où viens-tu, rosée embaumée ?
Du calice pur de ses yeux.

Hélas ! ce doux cœur d'hirondelle
Pleure de n'avoir pas trouvé
Un printemps qui soit digne d'elle
Et le nid qu'elle avait rêvé.

Et cette douce destinée
Que pour elle invoquait mon vœu,
N'a pas trouvé dans l'hyménée
Le bonheur que lui devait Dieu.

O larmes de ma bien-aimée!
Signe d'un mal mystérieux,
D'où viens-tu, rosée embaumée?
Du calice pur de ses yeux.

Sans amour et sans poésie,
L'existence est un spectre vain;
Moi seul, ô coupe d'ambroisie!
T'apprécie à ton prix divin.
Moi, je t'aime autant que tu charmes;
Et voilà le philtre enchanté
Par qui je peux changer tes larmes
En larmes de volupté!

O larmes de ma bien-aimée!
Signe d'un mal mystérieux,
D'où viens-tu, rosée embaumée?
Du calice pur de ses yeux.

Gui-Baron.

LA BRISE DU MATIN.

Air : *Le philosophe vraiment sage.*

Déjà la brise du matin
Soulève dans les airs la voile frémissante :
Le jour est propice au marin,
La mer est favorable, et le ciel est serein.
Oublions tous, à cette heure charmante,
Les soucis de la veille et ceux du lendemain.
Laissons, au caprice des flots,
Dériver doucement notre barque légère ;
Respirons, heureux matelots,
Les parfums de la terre,
Et le frais (*bis*) pénétrant du zéphir et des
[eaux !

Le sage est content de son sort,
Il ne s'expose pas aux flots d'un autre monde.
Son œil ne perd jamais le bord,
Et quand l'onde se ride, il regagne le port,
Tandis qu'au loin, dans la vague pro-
[fonde,
L'ambitieux trompé tombe avec son trésor.
Laissons au caprice, etc.

Le sage est pressé de jouir,
Et compte faiblement sur une longue vie ;
Il sait, amoureux du plaisir,
Préférer le présent au douteux avenir.
A l'incertain qu'un autre sacrifie !
Il veut avoir vécu quand il faudra mourir.
Laissons au caprice, etc.

Le sage commande à l'amour,
Qui, semblable à la mer, est fécond en nau-
[frages;
S'il aime, c'est pour un seul jour;
Un désir dans son cœur ne fait pas long séjour,
Tout en voguant, de flots et de rivages,
Comme de voluptés, il change tour à tour.

Laissons au caprice des flots
Dériver doucement notre barque légère;
Respirons, heureux matelots,
Les parfums de la terre
Et le frais (*bis*) pénétrant du zéphir et des
[eaux!

LA CHANSON DU LIN.

Air : *Je ne vois rien dans la nature.*

Pourquoi ne pas chanter le lin ?
Le blé compte assez de poètes ;
Plus d'un le vantait dont la faim
A glacé les lèvres muettes.

Je chante le lin qu'on bénit
Dans les vallons et les montagnes,
Le lin nourricier qui fournit
Le travail aux pauvres campagnes ;

Le lin qui protège les mœurs,
En rassemblant au seuil tranquille
Les parents, les fils et les sœurs
Auprès de l'aïeule qui file.

Sous les doigts prompts du tisserand
La trame se remplit sans trêve.
Lundi la toile s'entreprend,
Samedi soir elle s'achève ;

Puis c'est le tour du blanchisseur :
Le lin tissé, dans les prairies,
S'étend sur la molle épaisseur
Des herbes hautes et fleuries.

Aux baisers de l'air, du soleil,
Le lin qu'à flots clairs l'onde assiège,
S'embellit d'un éclat pareil
Aux vierges flocons de la neige.

Et le prodige est accompli !
Maintenant taillez dans la toile :
Comme une aile au mât assoupli,
Qu'elle palpite, blanche voile!

Qu'elle brille au banquet royal
Sous le vermeil qui la décore!
Sur le chêne, au repas frugal,
Qu'elle brille bien plus encore!

— Honneur plus grand! si le soldat,
Frappé d'une balle trop sûre
S'arrache sanglant du combat,
Qu'on l'effile sur sa blessure!

Linge usé, lambeau sans valeur
Sa gloire n'est point éclipsée,
Car transformé par le fouleur
Il porte en tous lieux la pensée!

N. MARTIN.

L'OPTIMISTE.

Air : *Les beaux Hommes d'aujourd'hui.*

Nostradamus, ce grand devin,
Possède un successeur enfin;
En cet art on me dit subtil....
    Ainsi soit-il.

Les destins s'ouvrent devant moi,
Que de belles choses je voi!...
Tâchons d'en démêler le fil.
    Ainsi soit-il.

Je vois moins de pâles auteurs;
Nos romans étant bien meilleurs,
On ne fronce plus le sourcil.
    Ainsi soit-il.

Les âges d'or sont revenus,
Je vois le règne des vertus;
Tout en beau se peint à mon cil,
    Ainsi soit-il.

Plus de brigands, plus de terreurs,
Plus de filous, plus de voleurs;
Il n'est plus besoin d'alguazil.
    Ainsi soit-il.

On ne payera plus d'impôt,
Chacun aura la poule au pot
Bien accommodée au persil.
    Ainsi soit-il.

On verra tous les avocats
Conseiller de ne plaider pas;
Ils diront l'or un métal vil.
    Ainsi soit-il.

Les docteurs seront des savans
Qui n'expédieront plus les gens;
De ceux passés en reste-t-il?...
    Ainsi soit-il.

Tous les parens seront unis,
Les compéres seront amis;
Plus de désaccord puéril.
　　Ainsi soit-il.

Plus alors de juges de paix,
Plus alors le moindre procès,
Et la chicane est en exil.
　　Ainsi soit-il.

Tous les cœurs seront bienfaisans;
Plus de parvenus insolens,
A l'air fat, au ton incivil.
　　Ainsi soit-il.

Tous les maris seront constans,
Toutes les femmes sans amans
Depuis la Seine jusqu'au Nil.
　　Ainsi soit-il.

Si quelqu'un pouvait en douter,
Je lui dirais sans hésiter:
Vous le verrez en l'an dix mil.
　　Ainsi soit-il.

De Nostradamus je prétends
Avoir hérité des talens;
L'ai-je prouvé par mon habil?
　　Ainsi soit-il.

LE PÉCHÉ DE PARESSE.

Air : *A confesse je suis allé.*

Tant que l'homme désirera
  Plaisir, honneur, richesse,
Pour les avoir il emploira
  Courage, esprit, adresse ;
    Tout le relèvera,
      Larira,
  Du péché de paresse.

Une indolente qui n'aura
  Rien qui l'intéresse,
Quand son moment d'aimer viendra,
  Le dieu de la tendresse
    Vous la relèvera, etc.

Un jeune époux qui ne dira
  Qu'un mot de politesse,
Un amant plus poli viendra,
  Qui parlera sans cesse,
    Et le relèvera, etc.

Une veuve qui comblera
  D'un amant la tendresse,
Et qui se tranquillisera
  Dans ces moments d'ivresse ;
    On la relèvera,
      Larira,
  Du péché de paresse.

COLLÉ.

LES POISSONS D'AVRIL.

Air : *Pégase est un cheval*, etc.

Des grands faiseurs prenant la lime,
Auprès d'eux voulant me ranger,
J'ai fait une chanson sublime,
Et j'ai surpassé Béranger.
Mais j'entends déjà qu'on me raille;
Tu ne lui vas pas au nombril,
Dit-on, en mesurant ma taille;
Et ce n'est *qu'un poisson d'avril.*

Maint orateur parfumé d'ambre
Et qui cent fois montra du front,
Compte, en arrivant à la Chambre,
Parler comme un vrai Cicéron.
Mais à peine il peut faire entendre
A la tribune son babil;
Pour jamais on l'en voit descendre...
Ce n'était qu'un poisson d'avril.

En vérité, je m'extasie
 Sur les prouesses d'un chasseur.

Ses discours, pleins de poésie,
D'un fabuliste ont la douceur.
Sur ses exploits il s'évertue ;
Quels superbes coups de fusil !...
Mais dans tout le gibier qu'il tue,
Il est plus d'un poisson d'avril.

Le nœud sacré du mariage
Promet un bonheur infini,
Et plus d'un époux, en ménage,
Pense trouver la pie au nid.
Doux espoir, suprême journée !
Son cœur brûle d'un feu subtil,
Et dans les filets d'hyménée
Il n'a pris qu'un poisson d'avril.

Résultat d'une bonne idée,
Tendres promesses des amants,
Fraîcheur d'une beauté fardée,
Des hommes d'Etat grands serments,
Probité des agents d'affaires,
Vin qui nous arrive en barril,
Journaux, prospectus littéraires,
Voilà bien des poissons d'avil.

E. DE PRADEL.

LE QUART D'HEURE
DE BON TEMPS.

Air : *Aussitôt que la lumière.*

L'homme dont la vie entière
Est de quatre-vingt-seize ans,
Dort le tiers de sa carrière,
C'est juste trente-deux ans ;
Ajoutons, pour maladie,
Procès, voyage, accidents,
Au moins le quart de la vie,
Cela fait deux fois douze ans.

Par jour, deux heures d'étude,
Ou de travaux, font huit ans,
Noirs chagrins, inquiétude,
Pour le double font seize ans :
Cinq quarts d'heure de toilette,
Barbe, et cætera, cinq ans ;
Temps perdu pour la fleurette,
Demi-heure, encor deux ans.

Par jour, pour manger et boire,
Deux heures font bien huit ans ;
Cela porte le mémoire,
Juste à quatre-vingt-quinze ans :
Reste encore un an pour faire
Ce qu'oiseaux font au printemps.
Par jour l'homme a donc sur terre
Un quart d'heure de bon temps.

Dépréaux.

RÊVERIE MARITIME.

Air *de : Venise la belle.*

Sous le vent qui gronde
Quand s'agite l'onde
En longs soubresauts,
Gentille hirondelle,
Qui frises de l'aile
L'écume des flots,

Toi qui fuis, rapide,
Sur la vague humide
Dans l'immensité,
Oiseau de passage,
Dis-moi, quel rivage
As-tu visité?

Oh! douce espérance,
Serais-ce de France
Que tu viens à moi?
De cette patrie,
Ame de ma vie,
Culte de ma foi!

Ma folle maîtresse,
Pleine de tristesse
Au jour des adieux,
M'a dit : « Que ne puis-je,
» Oiseau qui voltige,
» Te suivre en tous lieux !

» Je voudrais, légère,
» Sur la vague amère
» Guider ton vaisseau ! »
Gentille hirondelle,
Serais-tu ma belle
Changée en oiseau !

Serais-tu ma mère,
Dont chaque prière
Est pour son enfant ?
Ma mère qui pleure
Sans doute à cette heure
Sur son fils absent !

Mais suis-je en délire ?
Quoi, sans rien me dire,
Cruelle, tu fuis !...
Je n'eus là qu'un rêve,
Un moment de trêve
A mes noirs ennuis !

ALBÉRIE.

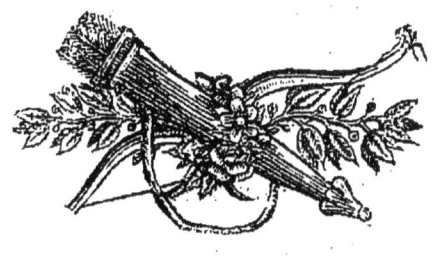

Nancy, imp. de Hinzelin et Cie.

AH! LAISSEZ-MOI DÉRAISONNER.

Air : *C'est un lanla landerirette.*

Depuis qu'existe ce monde,
Qui par le ciel est maudit,
On chansonne, on glose, on fronde,
On critique ou l'on médit.
Autrement je m'y comporte,
Je ne veux rien condamner...
Et lon lon la, que vous importe ?
Ah ! laissez-moi déraisonner !

Oui, je crois, et je le jure,
A l'esprit des grands seigneurs
Aux bienfaits de la censure,
Aux talents de nos docteurs !..
Je crois la vertu si forte
Qu'on ne peut la suborner !...
Et lon lon la, que vous importe ?
Ah ! laissez-moi déraisonner.

Nous avons mieux que Molière,
Nous avons mieux que Rousseau,
Nous avons mieux que Voltaire,
Nous avons mieux que Boileau !...
Que le diable les emporte,
Ces gens qu'on nous vient prôner!
Et lon lon la, que vous importe?
Ah! laissez-moi déraisonner.

A peine vos vieux classiques
Sont lus des petits bourgeois,
Tandis que nos romantiques
Il faut les lire... à deux fois :
Leurs écrits qu'on les apporte,
Je veux tous les couronner!
Et lon lon la, que vous importe?
Ah! laissez-moi déraisonner.

Oui, je soutiens qu'au génie
C'est faire beaucoup d'honneur,
Qu'enrichir l'Académie
Des cordons d'un grand seigneur!
Sur la savante cohorte
Quel lustre ils font rayonner!...
Et lon lon la, que vous importe?
Ah! laissez-moi déraisonner.

Partout, le dieu des finances
Est le maître tout-puissant;
Il impose aux consciences
Des vertus... à trois pour cent!
Que d'estime ça rapporte,
On ne peut l'imaginer!...
Et lon lon la, que vous importe?
Ah! laissez-moi déraisonner.

Moi, j'ai converti ma rente :
J'en suis encor tout joyeux;
J'ai vingt francs au lieu de trente,
Rien n'est plus avantageux!
C'est en semant de la sorte
Qu'on arrive à moissonner...
Et lon lon la, que vous importe?
Ah! laissez-moi déraisonner.

La gaîté nous accompagne,
En accourant au repas;
Mais, au départ, le Champagne
Parfois dérègle nos pas...
Et si je trouve la porte
Un peu juste après dîner,
Et lon lon la, que vous importe?
Ah! laissez-moi déraisonner.

M. Ramond.

ENCORE SA PENSÉE.

ROMANCE.

Fleur touchante et mystérieuse
Qui m'as causé bien doux émoi;
Il m'en souvient, j'étais heureuse
Quand sa main te cueillit pour moi.
Soupir bien doux, fleur symbolique,
Le temps a terni tes couleurs;
Ton éclat pur, mélancolique,
Cachait un reflet de malheurs.

Il partait.... mon âme oppressée
Murmurait contre le destin;
Je te reçus, tendre pensée!
Que tu fus belle à ton matin!
Serment funeste! don frivole,
Ah! qu'étais-tu pour l'avenir?
Le temps qui fane une corolle
Emporte-t-il le souvenir?

En toi que j'ai trouvé d'ivresse!
Sur toi que j'ai versé de pleurs!
Gage trompeur de sa tendresse
Te briserai-je en mes douleurs?
Non, en secret je me consume
Au sentiment qui me charma,
Et je veux garder l'amertume
Du cœur qui le dernier aima.

ALDÉRIC.

LES ENFANTS.

Air : *La Charité mène l'Homme au salut.*

L'aube riante a blanchi la colline,
Et sous nos pas s'entr'ouvrent mille fleurs ;
Le rossignol chante sur l'aubépine,
L'air est emprcint de suaves odeurs.
Courez, enfants, dans la verte prairie ;
Exempts de soin, prenez un vol joyeux ;
Sur vous toujours seront ouverts nos yeux :
En liberté, jouissez de la vie.
Dansez, enfants, quand le ciel est serein ;
Il peut changer et même avant demain.

De l'amitié serrez les douces chaînes ;
Joignez vos mains, entrelacez vos bras :
Présent divin, elle adoucit nos peines,
Et du plaisir augmente les appas.
D'un pied léger, effleurez la verdure,
Le sable d'or qui borde les ruisseaux ;
En souriant, mirez au sein des eaux,
Visages frais et blonde chevelure.
    Dansez, enfants, etc.

Si parmi vous la fortune cruelle
Marque déjà quelque déshérité,
Le lait versé, d'une main fraternelle
Peut lui cacher la triste vérité.
Dieu veut pour tous une heureuse abondance,

Tous nous naissons petits, faibles et nus;
Le tien, le mien ne vous sont pas connus;
Gardez longtemps votre aimable ignorance.
    Dansez, enfants, etc.

D'un papillon l'aile capricieuse
Trompe vos mains prêtes à le saisir;
De fleurs en fleurs, troupe vive et rieuse,
Il vous enchaîne et fuit sans revenir.
Les désirs vains nous menant d'âge en âge,
Nous font quitter les biens simples et doux:
Quand le bonheur sourit auprès de vous,
Craignez au loin d'en poursuivre l'image.
    Dansez, enfants, etc.

Il est midi, le soleil sur vos têtes
De ses clartés verse les flots brûlants :
Le plus beau ciel peut cacher des tempêtes;
La fleur pâlit, l'oiseau n'a plus de chants.
Déjà languit votre ardeur passagère;
Des jeux badins vous avez pris la fleur :
Sans l'épuiser, profitons du bonheur;
Gagnons, enfants, le chaume tutélaire.
Rentrons, enfants, quand le ciel est serein,
Il peut changer, et même avant demain.
                    PINET.

JE T'AIMERAI.

Air *du Mari de ma cousine.*

Je t'aimerai tant qu'on verra l'Aurore
Du dieu du jour amener la clarté ;
Je t'aimerai tant que les dons de Flore
Embelliront le sein de la beauté.
Je t'aimerai tant que les hirondelles
Feront leur nids au retour du printemps ;
Je t'aimerai tant que des tourterelles
On entendra les doux gémissements.

Je t'aimerai tant que cette onde pure
Réfléchira la lumière des cieux ;
Je t'aimerai tant que de la nature
Nous recevrons les bienfaits précieux.
Je t'aimerai tant que le chien fidèle
Sera l'espoir de l'amoureux berger ;
Je t'aimerai tant que la fleur nouvelle
Attirera le papillon léger.

Je t'aimerai tant que l'herbe fleurie
Du tendre agneau flattera le désir :
Je t'aimerai, chère âme de ma vie,
Tant que la rose aimera le Zéphir.
Je t'aimerai tant qu'un souffle de flamme
S'élèvera du flambeau de l'Amour ;
C'est pour aimer que nous avons une âme
Je t'aimerai jusqu'à mon dernier jour.

LES MALHEURS DU COUSIN JACQUES.

Air : *Des démoutions de Paris.*

J'occupais fort modestement
Un fort petit appartement,
Un peu haut, mais en belle vue...
Par ordre du gouvernement,
Avec les trois quarts de la rue,
La maison, pour l'alignement,
Fut en peu de jours abattue.

Un autre logis m'est offert;
J'y suis fort bien... Vient un *expert*
Qui dit : « Vraiment il n'est pas sage
» D'habiter un pareil séjour;
» Cela va fondre au premier jour...
» Cà! mes amis, qu'on déménage. » (*bis.*)

Dans mon nouveau corps de logis,
J'eus le Palais pour *vis-à-vis*.
De par Thémis, autre préface :
« Délogez, monsieur; point de grâce. »
» — Quand? — Ne vous faites pas prier,
» Dès demain... Pour faire une place,
» On jette à bas tout le quartier. »

Sur un des ponts du voisinage,
Le sort favorable à mes goûts
Me fait trouver un ermitage!...
Ah!... *les dieux en seraient jaloux!*...
Autre disgrâce! A ma demeure
Il faut faire, hélas! mes adieux!
Il faut partir, et tout à l'heure
Loger ma muse en d'autres lieux!

Adieu! ma gentille cellule!
Adieu! temple de ma gaîté,
Dont le marteau va sans scrupule
Déshonorer la dignité!
Oh! cherchons quelque autre édifice
Si neuf qu'on le bâtisse encor...
— Mon Apollon, vous avez tort;
Craignez un moment de caprice!
Je ne réponds pas, mon ami,
Qu'exprès on ne le démolisse
Peut-être avant qu'il soit fini.

PAUL ENRICHI.

Air : *Du partage de la richesse.*

Vers le temple de la richesse,
Jour et nuit vole un peuple entier :
On court, on s'agite, on se presse;
L'on veut arriver le premier.
On a chacun diverse allure,
On fait envie, on fait pitié :
L'intrigue voyage en voiture,
L'honneur, hélas ! voyage à pied.

Un sage l'a dit, la fortune
En un moment change l'humeur;
Quand nous faisions bourse commune,
Paul nous aimait de tout son cœur;
Mais maintenant qu'il fait figure,
Pour nous Paul n'a plus d'amitié.
Est-on, lorsque l'on a voiture,
L'ami de gens qui vont à pied ?

Plaignons Paul, et point de rancune,
Amis, buvons à sa santé,
Nous n'aurons jamais sa fortune,
Mais il n'a plus notre gaîté.
Son dédain nous a fait injure,
Son sort doit nous faire pitié :
Le chagrin le traîne en voiture,
Et le plaisir nous suit à pied.

Un jour l'inconstante déesse
Peut lui retirer son appui ;
Avant qu'il soit dans la détresse,
Jurons de nous venger de lui :
Dans sa triste mésaventure,
De nous s'il croit être oublié,
Qu'il trouve, en tombant de voiture,
Près de lui ses amis à pied. Joseph PAIN

LES PLAISIRS

DE PARIS.

Air : *Remontez dans les Cieux.*

De la métropole du monde
Savourons les plaisirs nombreux,
Dans son enceinte où tout abonde
Se pressent les mortels heureux.
Russe, Ottoman, Anglais, Espagnol, Perse,
Sont confondus dans ce divin pays.
Des nations que le hasard disperse,
Les citoyens s'y rencontrent surpris.
On s'y coudoie, on s'y pousse, on s'y verse;
  Voilà, voilà les plaisirs de Paris.

Là, pour corriger la nature,
Les arts, en prodiges féconds,
Ont noirci grise chevelure
Et des bruns fait de jolis blonds ;
Les dents, les yeux, la fraîcheur, tout s'achète :
Admirez-vous les appas de Laïs ?
Ces beaux contours qui vous tournent la tête,
Ce sein charmant dont vous êtes épris,
Tout est, le soir, tombé sur sa toilette;
  Voilà, voilà les plaisirs de Paris.

Mais si d'une vertu novice
Le doux regard vous enivra ;
A vos yeux si le sort propice
L'offre un beau soir à l'Opéra ;
De ses rigueurs, de son âme de glace,
Si, trop heureux, triomphant à tout prix,
Vous obtenez dans son cœur une place,
Le lendemain, adieu les jeux, les ris...
Chaque baiser vous coûte une grimace ;
    Voilà, voilà les plaisirs de Paris.

Tant qu'à vos yeux rit la fortune,
Un essaim d'amis vous poursuit ;
Et toujours leur foule importune
Suit la fortune qui vous fuit.
L'hymen vient-il de sa fleur secourable
Combler l'espoir du meilleur des maris,
Dame engageante et surtout bonne table
Ont rappelé ces fidèles amis,
Et votre femme en trouve un fort aimable.
    Voilà, voilà les plaisirs de Paris.
E. DE PRADEL.

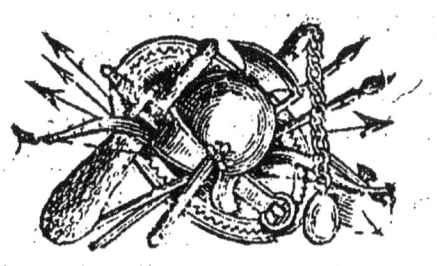

LE RETOUR DE PIERRE.

Air : *Le ieux Soldat de Marengo.*

Pour aller venger la patrie,
Jeune encor j'ai quitté les champs;
Au silence de la prairie
A succédé le bruit des camps
Plus d'une fois, pendant la guerre,
Songeant au bonheur du hameau,
   Je regrettais mon vieux père,
   Ma chaumière et mon troupeau.

Du serment de servir la France
Vingt blessures m'ont dégagé;
Mais j'emporte pour récompense
La croix du brave et mon congé.
Loin du tumulte de la guerre,
Je vivrai paisible au hameau;
   Je reverrai mon vieux père,
   Ma chaumière et mon troupeau.

Braves soldats, mes frères d'armes,
Dont j'ai toujours suivi les pas,
Dans vos succès, dans vos alarmes,
Compagnons, ne m'oubliez pas.
Recevez les adieux de Pierre :
Demain il retourne au hameau,
   Revoir encor son vieux père,
   Sa chaumière et son troupeau.

Si vers les rives de la France
L'étranger marchait en vainqueur,
Le noble élan de la vaillance
Soudain ferait battre mon cœur.
Avec ardeur on verrait Pierre,
Pour chercher au loin son drapeau,
   Quitter encor son vieux père,
   Sa chaumière et son troupeau.

LES SOUHAITS.

Musique de Pergolèse.

Que ne suis-je la fougère
Où, sur le soir d'un beau jour,
Se repose ma bergère
Sous la garde de l'amour !
Que ne suis-je le Zéphire
Qui rafraîchit ses appas,
L'air que sa bouche respire
La fleur qui naît sous ses pas !

Que ne suis-je l'onde pure
Qui la reçoit dans son sein !
Que ne suis-je la parure
Qui la couvre après le bain !
Que ne suis-je cette glace
Où son portrait répété
Offre à nos yeux une grâce
Qui sourit à la beauté !

Que ne suis-je l'oiseau tendre
Dont le ramage est si doux,
Qui lui-même vient l'entendre,
Et mourir à ses genoux!
Que ne suis-je le caprice
Qui caresse son désir,
Et lui porte en sacrifice
L'attrait d'un nouveau plaisir!

Que ne puis-je par un songe
Tenir son cœur enchanté!
Que ne puis-je du mensonge
Passer à la vérité!
Les dieux qui m'ont donné l'être
M'ont fait trop ambitieux,
Car enfin je voudrais être
Tout ce qui plaît à ses yeux.

Riboutté.

UN MARI RENTRÉ.

ÉPITAPHE.

Suit l'épitaphe invraisemblable
Que sur la grève hier je lus :

Celle qui dort là, sous le sable,
Bercée au flux comme au reflux,
Fut veuve, puis inconsolable
De voir qu'elle ne l'était plus.

Oyez ce récit lamentable.

L'époux revient après dix ans,
D'un pénible et lointain voyage.
On l'avait cru mort. Est-il sage
De détromper ainsi les gens ?
Il revient. Adieu les amans.
Elle en avait donc ? — C'est l'usage.
Je sais même qu'au bon vieux temps,
On n'attendait pas le veuvage.

Soit plaisir ou saisissement,
Excès de crainte ou d'allégresse,

Après la première caresse,
Elle expira subitement.

Beau témoignage de tendresse !

On ne dit pas qu'il ait pleuré
(Voyez quelle dureté d'âme !)
Sa douce et trop sensible femme
Morte ainsi d'un mari rentré.

Eug. Imbert.

Nancy, imp. de Hinzelin et Cie.

L'ABIME
DE
LA MONTAGNE NOIRE.

ROMANCE.

Dans les détours de la montagne Noire,
Près de Revel, est un abîme affreux.
L'Occitanie a gardé la mémoire
Des pleurs versés sur ces bords malheureux :
J'en vais conter la déplorable histoire ;
Prêtez l'oreille à mes chants douloureux.

C'est en ces lieux qu'une onde mugissante
Baignait d'Arthur les superbes créneaux.
Du vieux Mainfroi l'héritière charmante
Avait reçu les vœux de ce héros,
Quand sur les pas d'une élite brillante,
De la Croisade il suivit les drapeaux.

Cinq ans, Arthur fut captif en Syrie :
Cinq ans, la belle attendit son retour.
Loin que l'absence ou le temps l'eût guérie,
Elle l'aimait comme le premier jour ;
Et conservant son image chérie,
Elle écarta tous les servants d'amour.

Mais, libre enfin, celui qu'elle préfère,
Du mont natal a revu les sommets.
Pour Geneviève et pour Mainfroi, son père,
Il a juré de vivre désormais ;
Et, sous l'abri du toit héréditaire,
Près d'elle il veut se fixer à jamais.

Déjà naissait la brillante journée
Qui les devait unir par de saints nœuds :
Faveur d'amour et serment d'hyménée
Du jeune Arthur allaient combler les vœux.
Tout était prêt, mais que la destinée
Pour les mortels a des retours affreux !

Impatient du bonheur qui s'avance,
Le chevalier monte un beau palefroi.
Il sort, guidé par la douce espérance
De voir bientôt la fille de Mainfroi ;
Belle d'attraits autant que d'innocence,
Elle accourait pour recevoir sa foi.

Vingt ménestrels à l'écharpe dorée,
O Geneviève ! accompagnaient tes pas.
Près de son père, et d'un voile parée,
Tu cachais mal un modeste embarras.
Telle une rose, au doux Zéphyr livrée,
Semble rougir de ses jeunes appas.

Un ciel d'azur éclairait cette fête ;
Le long du gouffre ils allaient folâtrant.
Mais, ô douleur ! voici que la tempête
Au sein des jeux tout-à-coup les surprend ;
La foudre gronde, et la troupe s'arrête
En un sentier sur le bord du torrent...

Là, vainement la vierge épouvantée
Cherche un abri contre un ciel en courroux.
Des longs replis de sa robe agitée,
Les aquilons entourent ses genoux;
Et dans l'abîme elle roule emportée,
En appelant son père et son époux.

A ce spectacle, oh! qui pourra redire
Et la douleur et l'effroi du vieillard?
Du jeune amant qui peindra le délire,
Ses noirs transports, son farouche regard?
L'infortuné se roule, se déchire,
Et veut en vain se frapper d'un poignard.

Plus calme enfin, dans son âme attendrie,
Les longs regrets succèdent aux fureurs.
« Ma Geneviève, ah! quand tu m'es ravie,
» C'est bien raison que je verse des pleurs;
» J'ai, te perdant, perdu plus que la vie,
» Et la mort seule a pour moi des douceurs.»

Disant ces mots, plein d'un chagrin sauvage,
Au fond des bois il court s'ensevelir.
Comme un beau lys abattu par l'orage,
Dans la tristesse on le vit se flétrir;
Et sur ces bords fondant un ermitage,
Le pauvre Arthur y vint bientôt mourir.

Depuis ce jour, quand la lune s'élève
Comme une lampe au milieu du ciel pur,
En gémissant, la voix de Geneviève
Monte du fond de cet abîme obscur;
L'heure s'écoule, enfin la nuit s'achève,
Et cette voix appelle encore Arthur.

Mais si l'orage ébranle la montagne
Et dans la nuit semble éveiller les morts;
Si le torrent, à travers la campagne,
Se précipite et ravage ses bords;
Au bruit des vents que l'éclair accompagne
Du chevalier l'ombre apparait alors.

Elle apparait près de ce gouffre humide,
Sur un coursier éclatant de blancheur;
Et franchissant, dans sa course rapide,
Ces noirs rochers, témoins de son malheur
Elle se plaint, maudit ce lieu perfide,
Et par ses cris sème au loin la terreur.

M. S.-Edmond GÉRAUD.

LES BAINS

DE

PLOMBIÈRES.

Air: *J'ai vu partout, dans mes voyages.*

Amis, pour bannir l'humeur noire,
Vive Plombière et ses bassins !
Pour se baigner et pour bien boire,
Ce séjour est des plus divins.
Devant ces sources salutaires,
Prosternez-vous en vrais dévots ;
Et de vin remplissons nos verres,
En l'honneur de si belles eaux.

Vous, qui sur la terre et sur l'onde
Du sort connûtes les rigueurs,
Venez ici tous à la ronde,
Boire l'oubli de vos douleurs.
Naïades, que ce lieu rassemble,
Qu'on doit chérir votre bonté !
Chez vous, toujours on trouve ensemble,
Et le plaisir et la santé.

Plombière a trois bains que l'on cite :
Le bain des Dames le premier,
Le bain royal qui vient ensuite,
Et les Capucins en dernier.
Chacun d'eux sur les bonnes âmes
A fait maint prodige éclatant ;
Mais la vertu du bain des Dames
S'éprouve, dit-on, plus souvent.

Il est encore dans Plombière
Des sources d'eaux pour la boisson,
Eaux toujours limpides et claires,
Qu'à chacun l'on donne à foison.
Aux guerriers les ferrugineuses,
Les tièdes à nos étourdis,
Aux parvenus les savonneuses,
Et les eaux chaudes aux maris.

Mais n'oubliez pas les recettes
Dont on use selon ses goûts ;
Bains de vapeurs pour les coquettes
Bains tempérés pour les jaloux ;
Aux buveurs on offre des cuves,
Les douches à certains censeurs,
Aux amis du jour des étuves,
Et des demi-bains aux auteurs

M. Bélurgey de Grandville.

MON TESTAMENT.

Air : *Ah! j'y pris bien du plaisir.*

Vieillard plus qu'octogénaire,
Déjà trois fois dans mes chants
J'ai fêté l'anniversaire
Du premier de mes printemps;
Mais qu'inventera ma muse
Voici l'an cinquante-neuf :
Comme moi, le sujet s'use,
Et n'offre plus rien de neuf.

J'ai recherché dans ma tête
Matière à quelque couplet,
Qui pût, au jour de ma fête,
Egayer notre banquet;
Et poussé d'une boutade
Qui me fait tout voir gaîment,
Je vais, et sans être malade,
Vous chanter mon testament.

Par mes volontés dernières,
Testateur judicieux,
Je donne à mes légataires
Ce qui manque à chacun d'eux :
Sans doute, il sera le maître
De renoncer à mon legs;
Mais, moi, j'aurai fait connaître
Ses besoins et mes bienfaits.

Je lègue à notre jeunesse,
Qui sera vieille à son tour,
Mon respect pour la vieillesse,
Et ma morale en amour;
Quelque juste défiance
De son goût, de son esprit,
Et la rare complaisance
D'écouter ce que l'on dit.

Je donne ma conscience
A nos nouveaux magistrats;
Aux plaideurs ma patience;
Ma logique aux avocats,
Ma douceur aux mauvais maîtres,
Aux marchands ma bonne foi,
Ma philosophie aux prêtres,
Ma droiture aux gens de loi.

A nos beaux esprits je laisse
Ma haine des calembours;
Le peu que j'ai de souplesse
Aux érudits lents et lourds;
Un traité de l'art d'écrire
A nos ennuyeux journaux;
Et les frais d'un maître à lire
A ceux qui les trouvent beaux.

Aux écrivains ma prudence,
Ma justice à leurs censeurs,
Aux lecteurs mon indulgence,
Mon goût sévère aux auteurs,
Aux ennuyeux mon silence,
Mon laconisme aux conteurs,
Aux dévots ma tolérance,
Mon scepticisme aux docteurs.

Je sais que ma bienfaisance
Peut voir ses nobles projets
Trompés par la suffisance
De ceux pour qui je les fais.
En vain, pour leur être utile,
J'aurai prodigué les soins,
Si l'amour-propre indocile
Ne connaît pas ses besoins.

Jusqu'ici ma prévoyance
N'a rien fait pour mes amis;
Ils auront de ma chevance
Deux bijoux de quelque prix :
La sagesse de se taire
S'ils sont jamais mécontents,
Et l'art non moins nécessaire
De s'accommoder au temps.

Aimez-vous les uns les autres :
C'est par cet enseignement,
Comme Jean, l'un des apôtres,
Que je clos mon testament.
Son apocalypse entière
Est un saint amphigouri;
Mais sa leçon courte et claire
Est mon dogme favori.

Vous me direz, mes chers frères,
Qu'il oublie un fort grand point :
Les femmes, qui nous sont chères,
Et dont il ne parle point ;
Mais comme, par son silence,
Rien ne vous est interdit,
Vous les aimerez, je pense,
Quoique Jean n'en ait rien dit.

C'est ainsi qu'un an d'avance
J'ai fait le chant du départ,
Sans rejeter l'espérance
De partir un peu plus tard.
D'ici là, si sur ma bière
On chante le *libera*,
Voilà l'hymne funéraire
Que l'un de vous y joindra.

MORELLET.

ON Y VA.

Air : *De M. Tourterelle.*

Le Français se dispense
De fixer son esprit ;
Parle-t-on de constance,
Aussitôt il s'enfuit.
Mais en tout temps fidèle
Aux dieux qu'il se créa,
Quand la gloire l'appelle,
Il répond : On y va.

Au sermon, si Cassagne,
Qui prêche en plus d'un point,
Veut que je l'accompagne,
Je dis : « Je n'y vais point ; »
Mais qu'un ami m'annonce
Qu'un bon repas est là,
Moi, pour toute réponse,
Je m'écrie : On y va.

LE PÈRE LA FRANCHISE.

Air : *Faut-il, dans le siècle où nous sommes.*

Mon nom de guerre est la Franchise ;
J'ai pris pour devise, ici-bas,
Quand ça n'va pas bien à ma guise :
    Ça n'me plaît pas. (*bis.*)
Quand j'voyons ben aller les choses,
Qu'l'argent roul', et qu' l'commerce va,
Sans vouloir en d'viner les causes,
J'suis content d'ça, ben content d'ça.

Chez les messieurs du haut parage,
La contraint' règn' pendant l'repas :
Leur ton, leur lux', leur entourage,
    Ça n'me plaît pas.
Moi, j'm'amuse où je n'trouve pas d'gêne,
D'quéuqu' vin qu'un bon ami m'vers'ra
Quand j'devrais boir'.., même du Surêne,
J'suis content d'ça, ben content d'ça.

D'nos jours, bon Dieu ! que de d'moiselles
En secret prennent leurs ébats !
Qu'on soit dupe de ces donzelles,
    Ça n'me plaît pas.
Mais celle à qui, l'jour d'son mariage,
Attraits, douceur..., rien ne manquera :
C'est un vrai trésor dans l'ménage ;
J'suis content d'ça, ben content d'ça.

Fier de sa brette et d'sa moustache,
Maint fanfaron fait du fracas ;
L'jour du danger, mon poltron s'cache :
    Ça n'me plaît pas.
Vive un soldat d'la vieille roche !
Faut-il combattre, le voilà :
L'enn'mi sait c'que vaut son approche :
J'suis content d'ça, ben content d'ça.

D'nos exploits qu'l'univers admire,
Et que jamais on n'oubliera,
Entends-je faire la satire ?...
    Ça n'me plaît pas.
De tant d'guerriers morts avec gloire,
Qu'un sort jaloux nous enleva,
Qu'on éternise la mémoire,
J'suis content d'ça, ben content d'ça.

Mélang' de crasse et de bassesse,
D'aliborons un vil ramas
Voudraient instruir' notre jeunesse ;
    Ça n'me plaît pas.
Par bonheur, un' méthod' nouvelle
Sur eux bientôt l'emportera
Qu'on l'adopte, et qu'on n'suive qu'elle
J's'rai content d'ça, ben content d'ça.

J'ai vu des gens d'une humeur noire
Qui s'sont conduits en vrais Judas ;
Ils ont livré not' territoire :
    Ça n'me plaît pas.
Mais, s'ils voulaient encor nous nuire,
D'plus près on les surveillera ;
Il n'faut qu'l'vouloir pour les réduire :
J'suis content d'ça, ben content d'ça.

J'en ai vu d'autr's, qui viv'nt d'intrigue,
Crier tour à tour s'lon les cas :
« Vive le roi, vive la ligue ! »
　　Ça n'me plait pas.
Mais l'brave homme en qui je m'confie,
D'opinion jamais ne changea ;
Avant tout il met la patrie :
J'suis content d'ça, ben content d'ça.

L'fanatisme et l'intolérance
Ont commis d'nombreux attentats
Sur les protestans, sans défense :
　　Ça n'me plait pas.
Il est plus que temps qu'ça finisse ;
Et pour punir ces crimes-là,
Quand j'verrai sévir la justice,
J's'rai content d'ça, ben content d'ça.

V.-R. AZE.

Nancy, imp. de Hinzelin et Cie.

L'AFFICHEUR.

Air : *Du Ménétrier de Meudon.*

Pour la suint', le catarrhe,
Et l' rhume de cerveau,
On pétrit, on prépare,
La pâte de Regnauld.
Si l'amour, qui nous trompe,
Vous trahit dans ses jeux,
Voilà le clyso-pompe :
Il éteindra vos feux !

J'affich' tant, qu' j'en ai mal aux bras ;
J'ai des placards pour tous états
Et pour tous les maux d'ici-bas,
Même pour ceux que l'on n'a pas.

Votre asthme est opiniâtre,
Vous toussez comme un loup ;
Prenez, pour le combattre,
Le sirop d' racahout.
D' l'Arabie, sans nul doute,
Vient ce r'mède savant :
On voit, au prix qu'il coûte,
Qu' c'est un Arab' qui l' vend.
J'affich', etc.

Dès le matin j' travaille
Au coin des cabarets ;
J' dis : A moi la muraille !
J'affiche tous les brevets ;
Dans un long protocole

C'est à qui se vant'ra ;
Et comm' y gn'a d' la colle,
On croit que ça prendra.
J'affich', etc.

Lisant certaine affiche,
Si vos cheveux sont courts,
Vous direz : Je m'en fiche,
Y s'ront longs dans trois jours.
En s' mettant sur la nuque
D' la pommad' du chameau,
Y gn'aura plus d' perruque
Comm' Voltaire et Rousseau,
J'affich', etc.

J'affich' des commandites
Pour le gaz, le charbon
Et la font' des marmites !
Tout est en combustion !
Nous roulons su' l' bitume
Dans nos rues enclavé,
Je crains qu' Paris n' s'allume
Quand on brûle le pavé !
J'affich', etc.

Cette beauté divine
Qui compte soixante ans,
A la pâte amandine
Doit ses appas naissants ;
A force d' cosmétiques,
D' poudres d' tout's les vertus,
Et d' corsets élastiques,
On ne vieillira plus !
J'affich', etc.

DELEGORGUE-CORDIER.

LA DERNIÈRE ROSE.

Air *du Val d'Andorre.*

Tu fleuris pâle et solitaire,
Dernière rose de l'été,
Tes compagnes jonchent la terre,
Ta sœur est morte à ton côté.
On t'eût dit reine d'une fête,
Hier, au sein de ta splendeur...
Aujourd'hui, tu penches la tête
Et cherches vainement ta sœur !

Rejoins-la, pauvre désolée,
L'isolement fait trop souffrir ;
Toutes les fleurs de la vallée
Sont mortes... tu peux bien mourir :
J'effeuille d'une main amie
Ta corolle, hélas ! sans odeur.
Tu partageras endormie
La même tombe que ta sœur.

Si de l'amour dont je m'enivre
La source se tarit jamais,
Puissé-je aussi ne pas survivre
Aux illusions que j'aimais.
Amitié naïve et profonde,
Toi seule es pleine de douceur...
Comment vivre en ce triste monde
Sans un ami, sans une sœur ?

Léon MASSE.

Les francs Lurons.

Air : *Ah! voilà la vie.*

Du dieu des vendanges,
Sur un ton joyeux,
Chanter les louanges
En sablant vin vieux;

Ah! voilà la vie,
 La vie
 Suivie,
Ah! voilà la vie
 De francs lurons
 Bien ronds,

Au plaisir fidèles,
Donner, tour à tour,
La nuit à nos belles,
A Bacchus le jour ;

Ah ! voilà la vie,
  La vie
    Suivie,
Ah ! voilà la vie
  De francs lurons
    Bien ronds.

Sans fiel, sans colère,
En piquans bons mots,
Ne livrer la guerre
Qu'aux méchans, qu'aux sots :

Ah ! voilà la vie,
  La vie
    Suivie,
Ah ! voilà la vie
  De francs lurons
    Bien ronds.

Des froids politiques
Siffler les discours,
Qui, soporifiques,
Endorment toujours :

Ah ! voilà la vie,
  La vie
    Suivie,
Ah ! voilà la vie
  De francs lurons
    Bien ronds.

Ne mettre leur gloire
A manger beaucoup,
Et ne jamais boire
A la fois qu'un coup :

Ah ! voilà la vie,
 La vie
 Suivie,
Ah ! voilà la vie
De francs lurons
 Bien ronds.

Vivre en joyeux frères,
N'avoir de chagrins
Que lorsque leurs verres
Se trouvent sans vin,

Ah ! voilà la vie,
 La vie
 Suivie,
Ah ! voilà la vie
De francs lurons
 Bien ronds.

Jurer à leurs belles
D'être à leurs attraits
Pour toujours fidèles :
Ne l'être jamais :

Ah ! voilà la vie,
 La vie
 Suivie
Ah voilà la vie
 De francs lurons
 Bien ronds.

Sans soucis, sans peine,
Boire, aimer, dormir;
Près de la centaine
Mourir de plaisir :

Ah ! voilà la vie,
La vie
Suivie,
Ah ! voilà la vie
De francs lurons
Bien ronds.

A EMMA P......

ROMANCE.

Reviens, Emma ; mon cœur, qui te désire,
Veut obtenir le pardon de ton roi.
Je t'outrageai dans mon cruel délire,
Je fus jaloux, je doutai de ta foi...
Je t'en supplie, ah ! reviens près de moi !

O mon amie, il faudra donc te dire
Ces mots cruels pour te faire obéir :
« Je veux... j'ordonne... » Oh ! non ! mais je désire,
Amant soumis, et revoir et servir
L'objet aimé, si je puis le fléchir.

Que te faut-il et que pourrai-je faire
Pour cet affront que tu reçus de moi ?
Pardonne, Emma, mon ange tutélaire,
Sois généreuse et viens calmer l'émoi
Qui fait enfuir la raison de ton roi.

G. LALLIAT (de Grenoble).

LE GUÉRILLAS,

ou

L'ENFANT DE LA NAVARRE.

AIR : *Du vœu, ou air à faire.*

Aux montagnes de la Navarre,
En marchant toujours l'arme au bras,
J'ai ma relique et ma guitare,
Je chante, je prie, je combats.
Lorsque ma balle meurtrière
Met l'ennemi sur le carreau,
Je me signe et dis mon rosaire ;
Après, je chante un boléro.

Aussitôt que la nuit commence,
Jusques au jour quittant le camp,
Je vais soupirer la romance
Sur le balcon où l'on m'attend.
Un rival vient-il me distraire ?
Sous ma guitare est mon stylet
Qui lui fait mordre la poussière ;
Puis je redis mon chapelet.

A la tête de ma colonne,
Si je m'empare d'un couvent,
En m'inclinant vers la madone
Je fais main basse sur l'argent.
Mais, à genoux près de la Vierge,

Je viens avec componction
Offrir un magnifique cierge,
Et je compte sur mon pardon.

Lorsque l'écho de la montagne
Me dit qu'on danse au bourg voisin,
Je m'élance dans la campagne,
Guidé par le joyeux refrain.
Je passe en bravant les vedettes,
Couvert du manteau de la nuit,
Et danse au son des castagnettes
Jusqu'au moment où le jour luit.

DELEGORGUE-CORDIER.

IL A NEIGÉ CE MATIN.

Air connu.

Je ne veux pas, ma jeune amie,
Craindre un serpent sous chaque fleur;
Mais, par le plaisir endormie,
L'âme s'éveille à la douleur.
A son coucher, l'astre qui dore
La plaine et l'horizon lointain
Promettait une belle aurore :
   Il a neigé ce matin.

Vois : déjà, la brise trop fraîche,
De givre emperlant le sillon,
Flétrit le duvet de la pêche
Et le velours du papillon.
Garde le coin du feu, ma belle;
Tu frissonnes sous le satin,
Oiseau frileux, ferme ton aile !
   Il a neigé ce matin.

Puis-je résister à la flamme
De l'amour, ce vainqueur du temps?...
Non! je sens s'attiédir mon âme
Au doux soleil de tes vingt ans.
Pour toi, mon ardeur vive et pure...
Mais, tu souris; ton œil mutin
S'arrête sur ma chevelure :
   Il a neigé ce matin.

Comme les dernières pensées
Se fanent au vent des hivers,
Lorsque mes chansons dispersées
Joncheront les chemins déserts,
De mes refrains, si frais la veille,
Viendras-tu pleurer le destin,
En murmurant à mon oreille :
  « Il a neigé ce matin ? »

Du moins tu viendras sur ma tombe
Semer, si ton cœur est constant,
Comme des plumes de colombe,
Ces blanches fleurs que j'aimais tant,
Un dernier écho de ma lyre
Te saluera, charmant lutin,
Et tout bas tu l'entendras dire :
  « Il a neigé ce matin. »

E. Imbert.

LA MÉTROMANIE.

Air : *Vive la lithographie.*

Vive la métromanie
Pour étourdir le chagrin !
Oui, grâce à la poésie,
Dans ce monde tout est bien.
Plus d'un poëte en renom,
Niché dans un cabanon,
A chanté dans le besoin
Les plaisirs d'un grand festin.
Souvent forcé de souscrire
A la faim qui le poursuit,
Il sait, au son de sa lyre,
Accorder son appétit.
Les morceaux les plus menus
Lui rappellent Lucullus
Dont il a su, dans ses chants,
Vanter les mets succulents.
En vain sa bouteille est vide :
En dépit du dieu du vin,
Le cristal d'une eau limpide
Devient un nectar divin.
Tel auteur, vrai Céladon,

Courtisant jeune tendron,
L'a, dans ses vers ingénus,
Mise au-dessus de Vénus,
Si le nom de l'inhumaine
Est Madeleine ou Margot,
Par celui de Polyxème
Il le remplace aussitôt.
Se prend-il pour Cupidon,
Margot change encor de nom :
C'est Psyché, n'en doutez pas,
Mais Psyché pleine d'appas.
Tel autre, de la campagne
Chante l'attrait sans égal,
Les prés, les bois, la montagne,
Et loge au Palais-Royal.
Celui-ci, musqué, paré,
Dans un cabinet doré,
Sur la médiocrité
Fait un couplet ampoulé.
Celui-ci, pour une dette,
Se voit bientôt arrêté,
Et, dans sa sombre retraite,
Il chante la liberté.
Quant à moi, j'ai d'autres choix,
Je chante ce que je vois :
Près de ma divinité,

Je chante la volupté,
Près de la vertu sauvage,
Je chante tous mes regrets,
Et je chante le courage,
Près de nos soldats français.

Ed. BOULOGNE.

Nancy, imp. de Hinzelin et Cie.

JE VEUX LUI PLAIRE.

CHANSONNETTE.

Paroles de J. Dill. — Musique de Ch.-L. Schlosser.

La Musique avec accompagnement de piano, se trouve chez M. Schlosser, éditeur-propriétaire, place des Victoires, à Paris et à la Librairie Hinzelin, place du Marché, à Nancy.

Jamais je n'avais, de ma vie,
Désiré connaître les lois
Ou d'une amante ou d'une amie :
J'aime pour la première fois.
   — Je veux te plaire !
   Mon cœur espère
Qu'un jour peut-être aussi tu m'aimeras ;
Ce doux espoir, oh ! ne me l'ôte pas !
   La la la la la la.

Sous ton regard, ô blonde femme !
A ton plus simple mouvement,
Se trouble et s'attendrit mon âme,
Et tout bas, je dis en rêvant :
   « Je veux te plaire !
   Mon cœur espère
Qu'un jour peut-être aussi tu m'aimeras ;
Ce doux espoir, oh ! ne me l'ôte pas !
   La la la la la la. »

ENCYCLOPÉDIE CHANTANTE.

Approuvé pour le colportage par décision du 6 mars 1858.

Qu'il est doux de sentir qu'on aime,
Quand on espère un vrai retour;
Aimer, c'est le bonheur suprême:
Le ciel, ici-bas, c'est l'amour.
— Je veux te plaire!
Mon cœur espère
Qu'un jour peut-être aussi tu m'aimeras,
Ce doux espoir, oh! ne me l'ôte pas!
La la la la la la.

LE BON DIEU DES PETITS ENFANTS.

Air *du Carillonneur de Metz.*

Sais-tu, ma Berthe si gentille,
Pourquoi tes jolis yeux sont bleus?
C'est que le ciel chérit sa fille
Et qu'il se mire dans tes yeux.
Car il est une âme immortelle,
Reine des soleils triomphants,
Qui pense à nous et qu'on appelle
Le bon Dieu des petits enfants.

C'est le bon Dieu qui dans la plaine
Nourrit le petit lapin blanc,
Qui fait une robe de laine
Au tout petit agneau tremblant;
C'est lui qui de plumes légères
Habille l'oiseau qui grandit,
Et lui donne des petits frères
Pour qu'il n'ait pas froid dans son nid.

C'est lui qui dans les nuits bien claires
Fait chanter le petit oiseau,
Pour consoler les bonnes mères
Qui veillent auprès d'un berceau.
La lune est la lampe divine
Qu'il suspend au ciel chaque soir,
Pour qu'au détour de la colline
Les voyageurs puissent y voir.

C'est lui qui t'a donné ta mère,
Ta sœur et ton ange gardien ;
C'est lui qui t'a donné ton père,
Ton père qui t'aime si bien !
Il rend l'été la plaine verte,
L'hiver il te donne un bon feu ;
Tu vois bien, ma gentille Berthe,
Que tu dois aimer le bon Dieu !

Mais le bon Dieu veut qu'on soit bonne.
Il commande la charité ;
Il fait acheter ce qu'il donne
Par le travail et la bonté ;
Il fait moissonner ceux qui sèment.
Ainsi, mon bel ange à l'œil bleu,
Chérissez bien ceux qui vous aiment,
Vous ressemblerez au bon Dieu.

A.-C., de Paris.

LES AMIS DISPARUS.

Air d'Yelva.

Dans les bureaux qui règlent la finance,
Lorsqu'un emploi remplissait tout mon temps,
D'un peu de bien la tranquille ordonnance
Vint embellir mes rapides instants.
Instants de joie où des amis sans nombre
Me prodiguaient des transports continus !
A ma retraite ils ont fui comme une ombre :
O mes amis, qu'êtes-vous devenus ?

Oui, ma retraite, en une thébaïde
A converti mon modeste séjour ;
Des visiteurs la multitude avide
De leurs placets m'affranchit dès ce jour.
Au sein du calme à présent je me plonge ;
Plus de soucis et de vœux convenus ;
Loin des jaloux mon heure se prolonge :
O mes amis, qu'êtes-vous devenus ?

Sur mon chemin s'il se montre un visage
Qui devant moi jadis s'épanouit,
Et d'un salut si je reprends l'usage,
Le revenant passe et s'évanouit
Combien pourtant recherchaient ma présence
Et m'accablaient de serments mal tenus !
Mon humble seuil brille par leur absence :
O mes amis, qu'êtes-vous devenus ?

Du genre humain étrange destinée !
Des passions triste et funeste jeu !
A cent conflits la vie est condamnée,
Et l'égoïsme entretient son enjeu.
Pour moi, nourri d'une philosophie
Que prisent moins d'orgueilleux parvenus,
Je vois comment le mot se vérifie :
O mes amis qu'êtes-vous devenus ?

Joyeux vivants qu'un même goût rassemble
Sous l'étendard de la franche amitié ;
Dans les plaisirs que vous prenez ensemble,
Celui du cœur est toujours de moitié.
Vous que jamais nulle ombre ne divise,
Par vos doux nœuds et vos chants soutenus,
Vous n'avez point à citer ma devise :
O mes amis, qu'êtes-vous devenus ?

Mais cependant gardez-vous bien de croire
Que mes amis se soient envolés tous ;
De quelques-uns l'exemple méritoire
Est à l'abri des plus terribles coups.
Je me sens fier de ces nouveaux Pylades,
Par leur foi vive aisément reconnus ;
Et ne dis plus, entouré d'accolades :
O mes amis qu'êtes-vous devenus ?

ALBERT-MONTÉMONT.

CONSÉQUENT.

Air : *Femmes, voulez-vous éprouver.*

On se sert du mot *conséquent*,
Sans en sentir la conséquence.
Cela, dit-on, est conséquent!
Mais souvent quelle inconséquence!
Est-on grippé, c'est conséquent;
On tousse, on souffle; en conséquence
Vient un docteur très-conséquent,
Qui vous traite sans conséquence.

Un personnage conséquent
Donne une fête conséquente;
Il faut avoir par conséquent
Une mise très-conséquente.
On y danse, c'est conséquent,
Et l'on y brille en conséquence;
Mais il fait un froid conséquent,
On sort; ah, quelle inconséquence.

Un baiser est peu conséquent;
Mais la suite en est conséquente.
Qui le reçoit est conséquent;
Qui le donne est inconséquente.
O, fillettes, par conséquent
Apprenez qu'une inconséquence,
Près d'un amant très-conséquent,
Tire souvent à conséquence.

Qu'un époux est peu conséquent,
Lorsqu'il reçoit sans conséquence
Chez lui quelqu'un très-conséquent,
Qui n'y vient pas sans conséquence.
On voudrait être conséquent :
Mais hélas, que d'inconséquences !
Heureux qui d'un mot conséquent
Prévoit toutes les conséquences !

Un ouvrage peu conséquent
Peut être offert sans conséquence :
Mais l'acheter conséquemment
Sur parole, est inconséquence.
L'auteur le dit *bien conséquent;*
Je peux le lire en conséquence;
Mais je ne serai conséquent,
Qu'en le payant en conséquence.

LES PÊCHEURS DE ROYAN.

Air de la Sonnette du Diable.

Que le ciel soit riant
Ou rempli de tempête,
Du superbe Océan
Tous les jours, c'est la fête,
Dans le sombre ouragan
Au soleil rayonnant,
Gais pêcheurs de Royan,
Fêtons, chantons notre Océan !

Dans l'Océan, Dieu nous tend sa main pleine,
Et les pêcheurs y vont prendre toujours
Pour leurs petits de bons habits de laine,
Et des croix d'or pour parer leurs amours !
Notre Océan, de l'enfant de la plage
Est en tout temps le père nourricier ;
Et s'il lui sert de tombeau dans l'orage,
Inclinons-nous, c'est le grand justicier !
 Que le ciel soit riant, etc.

Dans l'ouragan, ciel et mer se répondent,
Et sous les cieux, quand l'onde prend son cours,
A l'horizon leurs baisers se confondent ;
Car Dieu leur fait d'éternelles amours !
De l'Océan la robe bleue et verte
Avec le ciel s'étoile dans la nuit ;
De diamants nous la voyons couverte
Chaque matin dès que le ciel reluit !
 Que le soleil soit riant, etc.

Vive la vie aux rivages tranquilles,
Où le travail donne un pain plus joyeux !
On est meilleur en vivant loin des villes,
On rit plus franc en riant sous les cieux !
On est plus fort quand le danger menace,
Chaque pêcheur va l'apprendre à son tour ;
On aime mieux lorsqu'on aime en face
Du Dieu qui fit l'Océan et l'amour ?
 Que le ciel soit riant, etc.
     Edouard PLOUVIER.

LAISSEZ-LA PARLER.

Air : *Morbleu ! de quoi vous plaignez-vous.*

Aisément vous laissant séduire,
Par la fiévreuse ambition,
Pour vous élever s'il faut nuire,
Faites taire la passion.
L'aspect du mal offre d'avance
Un regret qui doit vous troubler,
C'est la voix de la conscience!
Ecoutez, laissez-la parler.

Amants, qui de simple fillette
N'avez pas su toucher le cœur,
Tremblez que sa langue indiscrète
Ne trompe un espoir séducteur ;
Mais quand de sa timide bouche
Un tendre aveu va s'exhaler,
Craignez qu'un mot ne l'effarouche:
Ecoutez, laissez-la parler.

Certaine actrice maniérée,
Sans talent croit vous enchanter :
Dans son débit toujours outrée,
Gardez-vous bien de l'écouter ;
Mais, par son esprit embellie,
Brohan vient-elle à révéler
Toutes les grâces de Thalie,
Ecoutez, laissez-la parler.

Maris, qui vous plaignez sans cesse,
Voyant trop de soins mal payés,
Du dédain que votre tendresse
Inspire à vos chastes moitiés,
Voulez-vous, exempts de tout blâme,
A vos désirs les rappeler
Voulez-vous plaire à votre femme ?
Ecoutez, laissez-la parler.

E. DE PRADEL.

ELÉONORE.

Air : *Permets-moi d'attendre le jour.*

Hier, je t'adorais encore,
J'avais un bandeau sur les yeux ;
Mais, trop perfide Éléonore,
Aujourd'hui je te connais mieux :
Contre un désir que tu fis naître,
Mes efforts seraient superflus ;
Je te regrette encore peut-être,
Et pourtant je ne t'aime plus.

Dans ton sourire que de charmes,
Dans ton maintien rien d'apprêté ;
Le plus sage te rend les armes
Et soupire la volupté.
Je voudrais que mon autre amante
Unit tes traits à ses vertus ;
Car je te trouve encor charmante,
Et pourtant je ne t'aime plus.

Peut-être qu'un autre à ma place
Sera bientôt choisi par toi ;
Séduit par ton esprit, ta grâce,
Il sera trompé comme moi !
Malgré cela j'envie encore
Des liens par l'erreur tissus ;
Je suis jaloux d'Éléonore,
Et pourtant je ne l'aime plus.

Dans quelqu'aimable solitude,
Si je te retrouvais un jour,
Je pourrais bien, par habitude,
Te parler de mon vieil amour.
Tu pourrais, rallumant encore
Des désirs dans mes sens émus,
Me rendre mon Eléonore,
Et pourtant je ne t'aime plus.

SON PORTRAIT.

Air de la Femme d'esprit.

Dieu tout exprès pour moi fit naître,
Ma fleur d'amour, mon paradis !
Vous qui désirez la connaître,
C'est une brune au teint de lis.

Son regard doux comme l'aurore,
Tombant sur vous vient vous charmer
Et sa taille plus belle encore,
Vous fait soupirer et l'aimer,
Quand ses cheveux, dont je suis idolâtre,
Se déroulent au gré du vent
Sur son cou plus blanc que l'albâtre,
Ah! croyez-moi, rien de plus éclatant !
    Dieu tout exprès, etc.

Dans la ville chacun l'admire,
Son âge forme vingt printemps ;
Chez elle la grâce respire,
Et l'oiseau la nomme en ses chants !
Pour dessiner les traits de son visage,
Raphael eut pris son pinceau ;
Moi, dans mon cœur, j'ai son image ;
Amis, voilà mon plus joli tableau.
    Dieu tout exprès, etc.

Ses lèvres font pâlir la rose,
Le son de sa voix fait rêver,
Et son sourire vous expose
Pour l'obtenir à tout braver !
De son esprit la verve enchanteresse
Fait qu'on l'écoute tour à tour...
J'en fais l'aveu, c'est la maîtresse
Que j'aimerai jusqu'à mon dernier jour.
Dieu tout exprès pour moi fit naître,
Ma fleur d'amour, mon paradis !
Vous qui désirez la connaître
C'est une brune au teint de lis.

                  Eug. QUINSAC.

JEUNESSE ET PRINTEMPS.

Air *du Crucifix.*

Jeunesse, printemps de la vie,
Printemps, jeunesse des saisons,
Où l'âme s'exhale ravie
En insoucieuses chansons,
Où la nature enorgueillie
Revêt sa robe de gazons !

Gai printemps, joyeuse jeunesse,
Splendide foyer de chaleur,
Simple cantique de liesse
Où l'oiseau chante, où naît la fleur.
Où le cœur étonné caresse
Un doux mensonge de bonheur !

Au fond de l'âme à peine éclose
Encore au trouble du réveil,
Qui s'épanouit, fraîche rose,
Aux rayons de notre soleil,
Un vague soupir repose,
Rêve de son premier sommeil.

Car à cette heure elle est encore
Près du ciel aux folles couleurs ;
Pour elle un dernier reflet dore
La porte des longues douleurs,
Triste passage qu'elle ignore
Et que doivent mouiller ses pleurs.

Stéphane POLIN.

CHANSON DE NOCE.

Air *du Bataillon d'Afrique.*

LA PAROLE EST AU PAPA BEAU-PÈRE.

Puisque vous voilà mon gendre,
Il m'écheoit des droits bien doux,
Entre autres celui de prendre
Droit d'autorité sur vous.
En hiver comme en été,
En vrai tyran je sermonne.....
    (D'un air d'autocrate.)
Bref, ici je vous ordonne
    (Avec amabilité.)
De boire à notre santé !!!

Clémence Isaure.

Air. Vive le roi! vive la France.

Poëte, fier d'un noble vœu,
Sous le beau ciel d'Occitanie,
Ton cœur s'allume au double feu
Et de l'amour et du génie;
Et le Dieu qui fait des élus
De ceux que sa flamme dévore,
T'accorde une muse de plus,
Sous le nom de *Clémence Isaure*.

A Toulouse, l'heureux vainqueur,
Ceint d'une brillante auréole,
De gloire sent battre son cœur;
Dans les pompes du Capitole,
A l'arbuste vert d'Apollon,
Sa main unit les dons de Flore,
Qu'a fait naître au sacré vallon
Un regard de *Clémence Isaure*.

Voyez, parmi tant de héros,
Dont on vénère les images,
Ceux que l'éclat des *Jeux-Floraux*
Présente à de justes hommages.
Voyez, pour la postérité,
Leurs vieux noms rajeunis encore
Au rayon d'immortalité
Que leur jeta *Clémence Isaure*.

E. DE PRADEL

ENCYCLOPÉDIE CHANTANTE.

Approuvé pour le colportage par décision du 4 mai 1858.

LA FLEUR DES CHAMPS.

Air *du Violon brisé.*

Il est une fleur très-connue,
Au bouton d'or, au front d'argent,
Qui, dans chaque lieu bienvenue,
S'accoutume à tout ciel changeant.

De mille autres fleurs orgueilleuses
En vain l'aspect nous éblouit;
De leurs corolles merveilleuses,
Bientôt l'éclat s'évanouit.

Cette fleur, chère à la nature,
Qui, pour abri, n'a que les cieux,
De l'année orne la ceinture
Et se dévoile à tous les yeux.

De mai le doux parfum l'attire,
Juillet réchauffe son trésor,
Octobre accueille son sourire,
Et décembre la fête encor.

Sur le genêt, sur la bruyère,
Glisse le léger papillon;
Le lis embaume la clairière,
La violette le vallon;

Mais notre fleur sur la colline
Monte, ou croît en plaine au hasard,
Naît au bord de l'eau cristalline,
Et près du buisson à l'écart.

Dans le jardin, elle partage
Le lit de l'œillet plein d'appas;
Elle fleurit, pudique otage,
Dans l'humble asile du trépas.

L'agneau vient brouter sur sa tige;
A son sein l'abeille s'unit;
La mouche autour d'elle voltige;
Et l'alouette y cache un nid.

Pour le diadème de Flore,
Chaque saison la voit debout;
Simple, belle, heureuse d'éclore,
Elle aime à se montrer partout.

Modeste oracle des bergères,
Elle prédit si les amants
Auront des ardeurs passagères,
Ou tiendront leurs tendres serments.

Désert, rocher, lande ou charmille,
Se parent de ses frais atours :
Un seul moment la rose brille;
La marguerite vit toujours.
Albert-Montémont.

LA PATRIE.

DIALOGUE SUR UN AIR VILLAGEOIS.

Le Pâtre de la Vallée.

Au pays comme il fait beau,
Lorsque du matin nouveau
Le rayon blanchit la plaine,
Et qu'aux bords de la fontaine
S'en va paissant mon troupeau!...
Au pays comme il fait beau!

Le Chévrier de la Montagne.

Au pays comme il fait beau,
Quand du ciel le clair flambeau
Des monts vient dorer les cimes,
Quand le jour sur les abimes
Etend son brillant réseau!...
Au pays comme il fait beau!

Le Pâtre.

Ah! que mon pays est beau,
Lorsqu'au bois chante l'oiseau,
Quand fleurit la marguerite,
Et qu'un doux gazon m'invite
A m'endormir sous l'ormeau!...
Ah! que mon pays est beau.

Le Chévrier.

Ah! que mon pays est beau!
Aux ravins de ce côteau,
La cascade tombe et gronde,
Et des rocs blanchis par l'onde
Je vois pendre mon chevreau :
Ah! que mon pays est beau!

Le Pâtre.

Au pays comme il fait beau!
Sous les feuilles du rameau
Doucement l'air y frissonne,
Doucement aux prés rayonne
Le cristal de mon ruisseau :
Au pays comme il fait beau!

Le Chévrier.

Au pays comme il fait beau,
Quand l'hiver d'un blanc manteau
Vient couvrir les roches nues,
Les pics, les forêts chenues
Et les chalets du hameau!...
Au pays comme il fait beau !

Le Pâtre.

Au pays que tout est beau :
La chaumière et le château,
La chapelle où le cœur prie
Et le lac dans la prairie
Déployant sa nappe d'eau...
Au pays que tout est beau !

Le Chévrier.

Au pays que tout est beau,
Des hauteurs du grand plateau !
L'aigle y plane sur ma tête,
Et sous mes pieds la tempête
Roule son nouveau tableau.
Au pays que tout est beau !

Ensemble.

Au pays comme il fait beau !
C'est là que fut mon berceau,
Là l'exemple de mon père,
Là le souris de ma mère ;
Là doit être mon tombeau :
Au pays comme il fait beau !

DELCASSO.

Le Père Grégoire.

Air : *Que ne suis-je la fougère.*

C'est le bon père Grégoire
Que je célèbre aujourd'hui ;
Il n'aimait que rire et boire...
J'en sais plus d'un comme lui :
« Le divin jus de la treille
» Disait-il d'un air joyeux,
» C'est la plus grande merveille
» Qu'ait faite le roi des cieux !

» Dès que je vois la lumière
» Jaillir du soleil levant,
» Voici la seule prière
» Que j'adresse au Tout-Puissant :
» Que je mange du pain d'orge,
» Pourvu que soir et matin
» Je puisse humecter ma gorge
» De quelques gouttes de vin !

» Si j'avais sur l'atmosphère
» Un empire souverain,
» Au moindre coup de tonnerre
» On verrait pleuvoir du vin ;
» Alors j'ouvrirais la bouche,
» Ou je tendrais mon chapeau,
» Et, durant la nuit, ma couche
» Serait le lit du ruisseau.

» Je voudrais passer ma vie
» A cheval sur un tonneau :
» Pour moi qui suis sans envie,
» C'est le trône le plus beau.
» Noé, d'heureuse mémoire
» A sauvé le genre humain ;
» Mais son vrai titre à la gloire,
» C'est d'avoir trouvé le vin.

» Que serait devenu l'homme
» Sans ce nectar précieux ?
» Perdus tous par une pomme,
» Le raisin nous rend les cieux.
» Pour tous les maux de la vie,
» Le remède souverain,
» C'est la bouteille chérie
» Que remplit le jus divin.

» Que l'on vante la musique
» De défunt Palestrina,
» Ou bien la voix angélique
» Qui chante un air d'opéra ;
» De la modeste bouteille,
» Les monotones glouglous,
» Sonnent mieux à mon oreille
» Que les accords les plus doux.

» Un grand faiseur d'hyperbole,
» Disait un jour : Les tonneaux
» Sont vraiment, sur ma parole,
» La source de tous les maux.
» Moi j'ai dit : Buvons donc vite
» Car il faut, par charité,
» Tarir la source maudite
» Et sauver l'humanité. »

Auguste LACRIMA.

Le Parvenu.

Air *des Deux Cousines.*

Je suis roturier de naissance,
Mais j'ai voulu monter plus haut :
Il en cuit à mon imprudence ;
J'avais trop froid, mais j'ai trop chaud.

Hélas ! je voudrais bien encore
N'avoir pas quitté mon pays ;
Pauvreté plus ne me dévore,
Mais pourtant j'ai choisi le pis.

J'aimerais mieux être mon maître,
Au lieu de vin boire de l'eau :
La foudre menace le hêtre
Et ne songe pas au roseau.

J'ai passé ma folle jeunesse,
Séduit par un appât trompeur ;
J'ai vu trop tard que la richesse
Divorçait avec le bonheur.

J'ai commis plus d'une sottise,
J'ai contenté tous mes désirs :
Mais on ne peut, quoi qu'on en dise,
Ici-bas, vendre des plaisirs.

Auguste Lacrima.

LES REGRETS DE L'ABSENCE.

Air : *Au fond d'une sombre retraite.*

Des amours fidèle interprète,
J'ose te confier mes feux ;
Gémis, solitaire musette,
Lisis est absent de ces lieux.
Mais il est toujours dans mon âme ;
Ses traits y sont toujours nouveaux :
Ne m'entretiens que de sa flamme,
Et du dépit de ses rivaux.

Il n'est plus ni fleurs, ni verdure ;
Ces troupeaux paissent tristement ;
Cette onde jette un long murmure ;
Tout ici pleure mon amant ;
Du rossignol la voix si tendre
Semble avec moi le regretter ;
Ah ! fais qu'il croie encor l'entendre :
Il se taira pour t'écouter.

Cher Lisis ! quelle est mon ivresse ;
Ces sons perdus dans mes soupirs
Ajouteraient à ma tristesse,
En me rappelant mes plaisirs.
Rassure une amante inquiète ;
Ne diffère plus ton retour ;
Viens, et fais taire ma musette,
En me parlant de ton amour.

DORAN.

Au bout du Fossé la Culbute.

Air populaire.

A s'occuper du lendemain
Combien de gens passent leur vie !
D'un espoir toujours incertain
Se bercer est une folie.
Pour moi, je dois en convenir,
La prévoyance me rebute :
Et que m'importe l'avenir ?
Du présent je songe à jouir :
Au bout du fossé (*bis*) la culbute (*bis*).

Puisque la vie est un trajet,
Franchissons gaîment la barrière :
Le plus sage est celui qui sait
De fleurs embellir sa carrière.
On dit que chaque pas qu'il fait
Conduit un mortel vers la chute :
Hé bien ! quand viendra le moment
Je veux encor chanter gaîment :
Au bout du fossé (*bis*) la culbute (*bis*).

Vers les plaines du firmament,
L'aéronaute qui voyage,
Plus d'une fois assurément
Chante en route mon vieil adage.
Il doit, quel que soit son talent,
D'autant plus redouter la chute,
Que, dans ce perfide élément,
On ne fait pas impunément
Au bout du fossé (*bis*) la culbute (*bis*).

LÉGER.

C'était le Soir.

ROMANCE.

Air *à faire*.

C'était le soir; assise sur la rive
Du beau lac bleu qui baigne un vieux manoir,
Laure était seule et Laure était pensive...
    C'était le soir.

C'était le soir; d'un bonheur qu'elle ignore,
Vierge timide, elle nourrit l'espoir;
Au jeune Oscar, son cœur rêvait encore,
    C'était le soir.

C'était le soir; paix! elle a cru l'entendre.
Sur ce rocher, il lui semblait le voir;
Mais son erreur est facile à comprendre,
    C'était le soir.

C'était le soir; une agile nacelle
Fend l'onde, arrive, et, quoiqu'il fît bien noir,
Brûlant l'amour, Oscar vole auprès d'elle,
    C'était le soir.

C'était le soir; Laure craint sa faiblesse,
Mais d'un amant on connaît le pouvoir:
Il osa tout, dans son heureuse ivresse...
    C'était le soir.   E. DE PRADEL.

Nancy, imp. de Hinzelin et Cie.

L'AIR NE FAIT PAS LA CHANSON.

SCÈNE COMIQUE.

Paroles de F. Vergeron. — Musique de Jules Couplet.

Musique, avec accompagnement de piano, se trouve chez Schlosser, éditeur-propriétaire, place des Victoires, à Pa s; et à la Librairie Hinzelin, place du Marché, à Nancy.

J'suis l'garçon d'ferme au pèr' Simon :
Pacôm' Bruno, c'est là mon nom ;
Pour les dindons, les poul's, les vaches,
Les pissenlits, les choux, les mâches,
L'on dit, et j'en suis bien heureux,
Qu'j'ai z'un' gross' têt' qui compt' pour deux.

(*Parlé.*) Pour c'qu'est du bourgeois, c'est un bon homme, mais il aime trop flûté ; pour un pot de vin clairet, y vendrait son bonnet, quoi !...Tant qu'à la bourgeoise, c'est un'bonne grosse mère, ben réjouie, à qui m'aime un tantinet plus qu'ses lapins ; elle a toujours à me dire : « Ah ! mon bon Pacôme, par-ci ; ah ! mon bon Pacôme, par-là ; » a m'pince le menton. Ah ! honni soit qui mal y pense, car je vous promets que... Oh ! y a aussi mam'zelle Nicole, leu fille ; une belle femme qu'est grêlée, qui louche et qu'j'épouse dans huit jours ; c'qui fait dire d'moi :

Approuvé pour le colportage par décision du 4 mai 1852.

Du village à la ville
Que j'suis un imbécile,
Laissez-moi faire, et allez donc !
Quoi qu'on en dise,
J'aim' ma bêtise ;
Laissez-moi faire, et allez donc !
L'air ne fait pas la chanson.

Je n'ai pas d'malic' pour un liard :
On dit que j'suis bête et bavard.
Pourtant, à la foire dernière,
J'ai su tromper un fin compère,
A qui qu'j'vendis un bourriquet
Qu'était z'aveugle et qui boitait.

(*Parlé*). Y' ne pouvait plus nous servir ; j'y avon administré un picotin d'avoine, un coup d'étrille un' poignée d'sel ; ça l'avait rendu superbe ; j'arriv sur la place du Marché ; v'là l'gros Quat'z'yeux l'gendre à la mère l'Etourmi, qui vient en s'dan dinant autour d'mé, en faisant sonner ses écus et qui m'dit : « Comben t'n'âne? — Dix écus ; c pour rien ; une bête superbe *qui boit et mang bien, y n'y a qu'à le faire voir.* — J'l'en donn huit, qui m'fait, un sac de pommes de terre et l coup du marché. » — (*A part.*) Je n'me l'suis poin fait répéter deux fois : « Tope-là, et passe-moi to argent ; c'est bâclé. Seulement, j'ai un conseil t'donner : c'est d'le conduire par le bridon pac'qui regimbe. » Mais le lendemain, quand i a vu qu'son âne n'y voyait point et qu'il avait un jambe qu'était en retard des trois autres, il voulu m'chercher noise ; il m'a fait appeler d'van

M'sieu l'Maire; mais quand j'lui ai dit : « J't'ai
prévenu; j't'ai dit : — Voilà m'n'âne; *il boit et
mange bien, y n'y a qu'à l'faire voir.* — N'est-ce
pas clair? » Aussi, il a eu beau dire et beau faire :
c' qu'était fait était ben fait; ça lui qu'était r'fait,
car j'tenais son argent.

   Du village à la ville
    Que j' suis un imbécile?
  Laissez-moi faire, et allez donc !
    Quoi qu'on en dise,
    J'aim' ma bêtise;
  Laissez-moi faire, et allez donc !
   L'air ne fait pas la chanson.

Vous connaissez ben l'grand Martin?
Pour l'attraper, faut s'l'ver matin.
Sachant qu'quand notr' bourgeois s'boissonne,
L'pauvre homme n'connaît plus personne;
Il l'tope et dit, en l'cajolant :
« M'n'ami, j'veux t'fair' gagner d'l'argent. »

(*Parlé.*) « J't'achète tout ton bétail vingt sous
par tête : bœufs, vaches, viaux, moutons, bêtes
d'somm', poul's, dindons. » J'crois qu'l'cher homme
se s'rait vendu lui-même. — Comme les écrits sont
des mâles, les paroles des femelles, signe-moi
c'brin d'papier. — L'bon homme avait tant l'vé
l'coude, qu'il a signé. Oui; mais quand l'grand
Martin est venu pour enlever l'bétail, j'étais là;
j'y ai laissé faire son compte; y en avait pour cinquante écus. Oui; mais y avait un autre bétail

sur lequel il n'avait point compté : c'était quinze ruches d'abeilles. N'voulait-y point payer la ruche vingt sous la pièce; que nenni! que je lui ai dit : autant d'abeilles, autant de vingt sous. Fallait voir vot'grand Martin quel nez y f'sait. N'a-t-il point voulu plaider? Les juges lui ont dit que, comme les abeilles donnaient du miel, qu'c'était un bétail qui d'vait s'payer comme les autres; et comme il a voulu casser le marché, il été condamné z'à cent écus de dommages sans les intérêts, aux frais z'et dépenses. Fallait voir l'bourgeois! la bourgeoise! comme tout ça m'embrassait chacun leur tour; j'ai cru qu'ils allaient m'dévorer. V'là l'pourquoi et l'comment j'épouse mam'zelle Nicole, leur fille, à qui qu'notre bourgeois donne en mariage mille écus sonnants, une paire de bœufs, deux barriques de vin; d'garçon d'ferme, je d'viens fermier.

    Du village à la ville
    Que j'suis un imbécile?
Laissez-moi faire, et allez donc!
      Quoi qu'on en dise,
      J'aim' ma bêtise;
Laissez-moi faire, et allez donc!
    L'air ne fait pas la chanson.

L'OURAGAN.

Air *de la Mère au Ciel.*

La douce brise enfle la blanche voile ;
Un ciel d'azur sourit à l'Océan ;
Dans le lointain, l'horizon se dévoile :
Je vois le port au rivage riant.

« Terre ! terre !
Rivage lointain !
Terre ! terre !
Te revois-je enfin ? »

Ainsi parlait, près des rives de France,
Un matelot, les yeux baignés de pleurs ;
Mais, ô revers ! le vent, avec violence,
Vient présager quelques affreux malheurs.

« Terre ! terre !
Rivage lointain !
Terre ! terre !
Te revois-je enfin ! »

L'astre du jour obscurcit sa lumière ;
Le vent frémit ; la vague avec fureur

Se brise, écume; et puis, dans l'atmosphère
La sombre nuit jette un voile d'horreur.

« Terre! terre!
Pour qui sont mes vœux!
Terre! terre!
Reçois mes adieux! »

Hélas! déjà si près de ma patrie,
J'allais revoir les champs de mes aïeux;
J'allais revoir une mère chérie,
Mais je reviens pour mourir à ses yeux.

« Terre! terre!
Pour qui sont mes vœux!
Terre! terre!
Reçois mes adieux!

Et le navire, abattu par l'orage,
Se brise enfin sur l'abîme des flots;
Alors un cri venant frapper la plage
Est répété par la voix des échos :

« Terre! terre!
Berceau de mes jours!
Terre! terre!
Adieu pour toujours!.... »

Auguste LÉGER.

Vive l'Égalité!

Air d'*Aristippe.*

L'égalité, voilà mon rêve,
Et l'espoir d'un bonheur complet :
Jean est beau; la peste le crève!
Pourquoi le ciel me fit-il laid?
Jacque est d'une force assommante,
Sinon, je l'aurais éreinté.
Aussi, matin et soir je chante :
Vive, vive l'égalité!

Chacun soutient que je suis bête,
Et que *Jean* a beaucoup d'esprit;
Je cherche, en me grattant la tête...
Pas un trait! mon corps en maigrit.
Jacque sait tout, sans qu'il s'en vante·
Lire m'a toujours rebuté...
Aussi, matin et soir je chante :
Vive, vive l'égalité!

Je chante, et l'on me fait la nique;
Ma voix détonne à chaque son,
Tandis que *Jean* sait la musique,
Et qu'il chante mieux qu'un pinson.
De *Jacque*, la danse est piquante;
Quand je danse, on rit à côté;
Aussi, matin et soir je chante :
Vive, vive l'égalité!

Jean possède une riche ferme,
Une bonne usine à vapeur;
Je n'ai pas pu payer mon terme;
Le moindre travail me fait peur.
Quand sur l'arbre un beau fruit me tente,
Plus grand, *Jacque* l'a visité;
Aussi, matin et soir je chante :
Vive, vive l'égalité!

Le bonheur d'autrui m'importune;
J'en souffre comme un enragé.
Beauté, force, taille, fortune,
Tout devrait être partagé.
Mais *Jacque*, *Jean*, l'âme contente,
Gardent ce qu'ils ont hérité;
Et c'est vainement que je chante :
Vive, vive l'égalité!

E. DE PRADEL.

J'ai d' l'Argent.

Air : *Tra la la, etc.*

J'ai d' l'argent! (*bis*.)
Ça m'enchante,
Et je chante :
J'ai d' l'argent! (*bis*)
Est-il rien de plus urgent?

Le long du jour, sans ami,
J'ai naguèr' pleuré, gémi :

J' suis riche et v'là qu' sur mon ch'min
Cent Pilad's me tend'nt la main ;
    J'ai d' l'argent, etc.

Je n'avais aucun cousin,
Pas même issu de germain,
Mais depuis que j' suis heureux,
Il m' pleut des fils et des n'veux :
    J'ai d' l'argent, etc.

Chaqu' beauté qui me r'gardait,
Disait : « Que c' cul-d'-jatte est laid ! »
A présent, à l'unisson,
L' sexe me trouv' beau garçon :
    J'ai d' l'argent, etc.

Léger d'argent, f'sant ma cour,
En valsant on m' trouvait lourd ;
D'or Plutus vint me charger,
Les bell's me trouvent léger :
    J'ai d' l'argent, etc.

Autr'fois d' mon galant défi
Un' modiste faisait fi,
Les vierges de l'Opéra
Maint'nant s' batt'nt à qui m'aura.
    J'ai d' l'argent, etc.

Chez Mondor, quand je chantais,
On critiquait mes couplets,
Mais d'puis que j' donne à manger
J' suis l' rival de *Béranger* :
    J'ai d' l'argent, etc.

Jadis, sans la Faculté,
J' prenais soin de ma santé;
Esculape et ses suppôts
Aujourd'hui m' grèvent d'impôts.
　J'ai d' l'argent, etc.

Quand il m' faudra, certain jour,
Quitter c' terrestre séjour,
Sous un marbre fastueux,
Au moins j' narguerai les gueux :

　　J'ai d' l'argent! (*bis*)
　　Ça m'enchante
　　Et je chante :
　　J'ai d' l'argent! (*bis*)
Est-il rien de plus urgent?
　　　　　　Ch. VERREAUX.

La Crémaillère.

Air : *Tout le long de la rivière.*

Amis, selon moi, nos aïeux
Ne nous ont rien laissé de mieux,
Que cet usage respectable,
De saluer gaîment, à table,
Des vins vieux de notre caveau
Les lares d'un logis nouveau;
En répétant, à la vieille manière :
Mes amis, pendons, pendons la crémaillère
Mes amis, pendons la crémaillère.

Cet usage en Grèce exista;
Dans Rome, Atticus l'apporta.
Quand, plein d'un aimable délire,
Horace, aux accords de la lyre,
Arrosait, d'un falerne pur,
Ses dieux installés dans Tibur,
Mécène et lui chantaient avec Glycère:
Mes amis, pendons, pendons la crémaillère,
Mes amis, pendons la crémaillère.

Mais, chez les grands, ne cherchons pas
Les charmes d'un pareil repas.
Des lieux où l'étiquette habite,
Le plaisir éloignant son gîte,
Se loge chez de bons bourgeois,
Où la gaîté, dictant ses lois,
Le verre en main, entonne la première :
Mais amis, pendons, pendons la crémaillère,
Mes amis, pendons la crémaillère.

Marchand qui passe du Marais,
Au Palais-Royal, à grand frais;
Pauvre auteur qu'un succès engage
A descendre au cinquième étage,
Fille qui, grâce à maint amant,
Se met en son appartement,
Redisent tous, en buvant à plein verre :
Mes amis, pendons, pendons la crémaillère,
Mes amis, pendons la crémaillère.

Au temple, à l'abri du sergent,
Ecoutez Gallet se logeant,
Dire à Piron qui l'accompagne :
« Il me reste un quart de champagne,
» Et quelquefois, dans mon réduit,
» L'amour viendra passer la nuit;

» Dresse la table, et nargue à la misère !
» Mon ami, pendons, pendons la crémaillère,
» Mon ami, pendons la crémaillère.

Ainsi, le plaisir en tous lieux
Répète ce refrain joyeux.
Prenons, fût-ce au bout de la terre,
Pour hôte ce gai locataire ;
Dès qu'il s'envole, délogeons :
Dès qu'il s'arrête, emménageons,
Dans un hôtel ou dans une chaumière ;
Mes amis, pendons, pendons la crémaillère,
Mes amis, pendons la crémaillère.
Benjamin A**.

ISSANDOLANGE.

BALLADE.

Rosalinde était belle ;
Mais elle était rebelle
A la voix de l'amour.
Pourtant, de sa demeure
On ouvrait à toute heure
La porte au troubadour.

Car des chanteurs nomades
Elle aimait les ballades,
Les merveilleux récits,
Les antiques légendes
Des princesses normandes
Ou du vieux roi Clovis

Elle aimait la romance,
Qui disait la vaillance
Du noble paladin,
Les amoureuses peines
Des belles châtelaines
Pour le beau pèlerin.

Or, un soir de tempête,
Où la cloche inquiète
Au vent mêlait son glas,
Que des abruptes cimes
Les rocs dans les abîmes
Roulaient avec fracas;

Dans sa haute tourelle,
La noble damoiselle
Priait avec ferveur.
Elle écoute, attentive :
— Oui, c'est la voix plaintive
De quelque voyageur.

« Ouvrez, ouvrez bien vite,
» De lui donner un gîte,
» Varlets, dépêchez-vous ;
» Peut-être qu'en grand nombre
» Autour de lui dans l'ombre
» Déjà rôdent les loups. »

Elle monte, tremblante,
De sa lampe expirante
Ranimer la clarté ;
Ensuite elle se penche,
Ecoutant l'avalanche
Craquer de tout côté.

Qu'elle était séduisante
Alors que pâlissante,
Les yeux mouillés de pleurs,
Interrogeant l'abîme,
Déjà d'une victime
Elle oyait les clameurs.

Le pont-levis s'abaisse.
Accablé de faiblesse
Et de froid tout transi,
Au bord du gouffre sombre,
Un voyageur dans l'ombre
Gisait évanoui.

Il était beau, mais pâle ;
Dans la plus belle salle
On lui prépare un lit,
Et la noble héritière,
Plus tendre alors que fière,
Au chevet s'établit.

Combien elle s'empresse !
Enfin, de sa faiblesse
Sort le beau troubadour ;
La dame se retire
Et tristement soupire
En attendant le jour.

Plein de reconnaissance,
Le barde en sa présence
Vient de paraître enfin ;
En la voyant si belle,
Il se trouble, il chancelle
Et veut parler en vain.

Elle daigne sourire;
Cédant à son délire
Le barde est à genoux :
La noble châtelaine,
Jusqu'alors si hautaine,
L'écoute sans courroux.

« Doux ange d'espérance,
» Toi dont la bienfaisance
» Egale la beauté ;
» Fraîche et suave rose,
» Sur ces sommets éclose
» Loin du siècle agité;

» A l'affreuse tempête
» Tu dérobas la tête
» Du pauvre troubadour ;
» Ravissante madone,
» Que n'ai-je une couronne
» A t'offrir en retour... »

Alors la jouvencelle :
— « Sois mon époux fidèle,
» O gentil troubadour !
» Ton cœur sera mon trône
» Et ma riche couronne
» Ton éternel amour ! »

Le barde à ses pieds tombe :
— « O ma douce colombe,
» Dois-je en croire mon cœur ?
» Ton séjour, mon bel ange,
» Est bien, Issaudolange,
» L'asile du bonheur ! »

RÊVERIE.

Air *du Val d'Andorre.*

Sur une étroite colline,
Où le vent du soir incline
L'une après l'une, la fleur,
Je médite solitaire
En secouant la poussière
De ce monde de malheur !

Parfois j'attends qu'une étoile
Lève au loin sa blanche voile
Pour briller sur mon chemin,
Comme notre ange fidèle
Qui vient déployant son aile
Pour nous prendre par la main !

Je sens le souffle des roses
Qui se cachent demi-closes
Sous leur feuillage épineux ;
N'éveillons pas l'alouette
Qui dans son rêve projette
Un nouveau chant sous les cieux !

LILA.

Nancy, imp. de HINZELIN et Cie.

LES SOUPIRS D'UN AUVERGNAT.

SCÈNE COMIQUE.

PAROLES DE F. VERGERON; MUSIQUE DE JULES COUPLET.

La Musique, avec accompagnement de piano, se trouve chez M. SCHLOSSER, éditeur-propriétaire, place des Victoires, à Paris; et à la Librairie HINZELIN, place du Marché, à Nancy.

Ah! Louije!
Ma payje!
Pour toi, ch'est trop chouffrir.
Ah! Louije!
Ma payje!
Tu me feras mourir!

Depuis qu'au bal de la Mujette,
Nous j'avons danché tous les deux,
J'sens qu'j'ai tes deux pieds dans la tête,
J'ai ton embonpoint dans les j'yeux.
Je te préfère à ma ferraille,
A tout ché qui chent le chaudron;
Je te vois blanch'comme la paille,
Quoique tu chois dans le charbon.

(*Parlé.*) Mais ch'est-à-dire que je te vois comme un gros pequit ange joufflu, bougrrrr...; car tu l'es, j'ouffluge, comme une vraie mujette d'Auvargne. Oh! tu es bien la plus belle femme de..... Saint-Flour. Auchi, parle; que veux-tu que je fache? Veux-tu que j'aille battre Mme la Lune? la mordre j'avec les dents? lui prendre chés étoiles? que j'aille dancher j'une vourée avec la grande Ourche? je suis capable de le faire; car, vois-tu:

ENCYCLOPÉDIE CHANTANTE.   24

Approuvé pour le colportage par décision du 26 juillet 1858.

Ah! Louije!
Ma payje!
Pour toi, ch'est trop chouffrir.
Ah! Louije!
Ma payje!
Tu me feras mourir.

Que te faut-il? des pièces jaunettes,
Du cuivr', des chous et des j'écus,
Du fer battu j'et des toilettes,
Un luschtr' comme on n'en voit plus.
Je veux te voir, perle d'Auvergne,
Eclipcher les femm's de Paris;
Et chi ton chabot noir est terne,
T'en auras qui cheront vernis.

(*Parlé.*) Veux-tu des chapeaux de toile, des robes de paille, des chauchons de choie? Non ch'est des chauchons de paille; non, ch'est... ah je perds la tête; bougrrrr... Veux-tu j'une choup trempée de lard, trempée de graisse, j'avec de l'ail: je te la donnerai; car, vois-tu:

Ah! Louije!
Ma payje!
Pour toi, ch'est trop chouffrir.
Ah! Louije!
Ma payje!
Tu me feras mourir.

Quand je te vois parmi les bûches,
Je ne peux fair' que d't'admirer;
Bon Dieu! que l'amour nous rend cruches!
C'est chell' que je veux déjirer.

Auchi, j'te jure chur mon âme,
Qu'chi tu dis non, ch'est fait de moi;
Oh! ma Louije! deviens ma femme,
Des j'Auvergnats, je ch'rai le roi.

(*Parlé.*) Je te ferai voir chi nous chommes des hommes; d'abord, je te promets j'une douzaine d'enfants : nos moyens nous permettront bien cha; et chi, comme le dit la mére Catherine, la femme la plus j'heureuse est cholle qui porte la culotte, je t'en donnerai une en velours. Tiens, veux-tu chelle qui me vient de mon père, qui la tenait de chon grand-père, qui la tenait de chon oncle, qui l'avait j'évue d'un de chés coujins, qui l'avait en héritage de chon bijaïeul et que je mets tous les dimanches? Tope-là, ou chinon, tu compteras un Auvergnat de moins chur terre.

Ah! Louije!
Ma payje!
Pour toi, ch'est trop chouffrir.
Ah! Louije!
Ma payje!
Tu me feras mourir

Le Fauteuil de Molière.

AIR : *Trouverez-vous un parlement ?*

Ce n'est plus qu'un morceau de bois,
Comme tous les trônes du monde ;
Mais les débris de ceux des rois
Sont couverts d'une nuit profonde.
Tandis qu'avec respect cité,
Conservant sa forme première,
D'un reflet d'immortalité
Brille le *Fauteuil de Molière*.

Quand Molière fut au cercueil,
Secouant sa tête endormie,
Des froids dédains d'un pauvre orgueil
Se repentit l'Académie.
C'est que l'orgueil trompe souvent,
Et, par malheur, l'Europe entière
Se souvient que ce corps savant
N'eut pas de *Fauteuil pour Molière*.

Son fauteuil est vide ajourd'hui,
Vide à chaque siècle qui passe.
Il était réservé pour lui ;
Nul n'oserait prendre sa place.
A sa gloire c'est un autel ;
Son ombre apparait grande et fière,
Et sous un laurier immortel
Frémit le *Fauteuil de Molière* (1).

E. DE PRADEL.

LES ÉPHÉMÈRES.

Air : *Tu ne vois pas, jeune imprudent.*

Parmi tous ces êtres légers
Errants sur la machine ronde,
Il en est de si passagers,
Qu'à peine on les suit dans le monde.
Plein de l'ardeur des passions,
Souvent l'homme, épris de chimères,
Voit tomber ses illusions
Plus vite que les éphémères.

Liés par de tendres serments
Et brûlés de pudiques flammes,
Admirez ces jeunes amants
Dont le mystère unit les âmes :
Le matin, que d'aimables vœux !
Le soir, que de peines amères !
Un seul jour ont duré leurs feux :
Tel est le sort des éphémères.

En son audacieux élan,
Que veut ce nouvel Empédocle,
Qui, déjà, en son vaste plan,
Rêve son marbre sur le socle ?
Vain espoir ! mortel insensé,
Tu ne trouveras point d'Homère ;
Au fond de l'abîme élancé,
Tu meurs, pareil à l'éphémère

Quand du plaisir et de l'honneur
Sitôt s'évanouit l'ivresse,
Le songe attrayant du bonheur
Nous trompe, alors qu'il nous caresse.
Fortune, glorieux combats,
Faveurs que la tourbe énumère,
Eclat des grandeurs, ici-bas,
Tout passe comme l'éphémère.

Nous-mêmes, fragiles humains,
Avides de longues années,
Moins que les œuvres de nos mains
Durent aussi nos destinées.
Tandis que nous en poursuivons
Les fins propices ou contraires,
Sur cette terre nous vivons
Ce que vivent les éphémères.

Cependant, il est des trésors,
Il est des voluptés durables;
Vertu, génie aux grands ressorts,
Vos charmes sont inaltérables;
Et toi, noble amitié, sur nous
Quand luit ton flambeau tutélaire.
Son aspect consolant et doux
Brille, et n'a rien de l'éphémère.

Nous, dont le sympathique entrain
De la raison bénit l'usage,
Dans l'allégresse ou le chagrin,
Pratiquons la règle du sage;
Mêlant à nos divers penchants
Les affections les plus chères,
Puissent enfin nos heureux chants
Survivre à tous les éphémères.

ALBERT-MONTÉMONT.

Le bon Français.

Air : *Il me faudra quitter l'Empire.*

Qu'un géographe, à tête chauve,
 Nous vante cent climats divers,
 Comme c'est la foi qui nous sauve,
 Moi, qui ne passai pas Nevers,
Je crois la France un petit univers.
Je crois aussi toutes nos villes belles;
 Je crois contents, tous les maris;
 Je crois tous les Français unis,
Le riche humain, les Françaises fidèles...
 Ah! je suis bien de mon pays!

Laissons un sot orner sa table
 De vins grecs et de plats anglais;
 Notre cuisine est préférable
 Aux plus savoureux de leurs mets :
Pour la santé, vive un repas français!
Le *plumb pudding* ne saurait me confondre;
 Nos dindons sont bien plus exquis;
 Et je préfère, mes amis,
Le vin de Beaune à la bière de Londres!
 Ah! je suis bien de mon pays!

A la suite de la victoire,
 J'ai vu de prudents chansonniers ;
 Espérant partager leur gloire,
 Ils ont célébré nos guerriers,
Tant que le sort respecta leurs lauriers.
Plus tard j'ai vu leurs musettes esclaves,
 Pour gagner un indigne prix,
 Fêter nos heureux ennemis !
Dans le malheur, moi, j'ai chanté nos braves ;
 Ah ! je suis bien de mon pays !

 J'ai vu de l'Europe étonnée,
 Vingt rois, qu'outrageaient nos succès,
 Deux fois, dans le cours d'une année,
 Venir déméubler nos palais,
En nous prêchant la concorde et la paix.
Aux Francs, pour prix d'une union si promp-
 Que de bonheurs ils ont promis, [te,
 Mais que d'argent il nous ont pris !...
J'ai cru qu'un jour ils nous en tiendraient
 Ah ! je suis bien de mon pays ! [compte ;

 Je n'aurai jamais les manies
 Des Levaillant, des Tavernier ;
 Que me font les cérémonies
 Du Chinois, du Tartare altier ?
Moi, je m'en tiens aux mœurs de mon quar-
Qu'un fou, croyant propager sa science, [tier.
 Chez quelque peuple mal appris,
 Aille mourir loin de Paris ;
Cent ans encor j'aime mieux vivre en France.
 Ah ! je suis bien de mon pays !

Henry Simon.

L'HEUREUSE SOLITUDE.

Air *du vaudeville de la Petite gouvernante.*

Adieu, soucis ; adieu, fortune,
Rien ne trouble plus mon repos.
En fuyant la foule importune,
J'ai trouvé l'oubli de mes maux.
Dans ma solitude profonde,
Je vis exempt de tout lien,
Et d'accord avec tout le monde,
Car je suis seul avec mon chien.

J'avais, dans ma misanthropie,
Pris en haine le genre humain ;
Mais, dans ma retraite chérie,
Au bonheur je renais enfin.
A mes yeux tout se renouvelle ;
Je crois qu'ici-bas tout est bien ;
Je crois à l'amitié fidèle,
Car je suis seul avec mon chien.

Dans ces lieux où la paix réside,
Point d'importuns ni d'indiscrets.
La douce liberté préside
Aux plaisirs qu'on goûte sans frais.
Jamais de créancier avide.
Surtout, quel bonheur est le mien !
Jamais de maîtresse perfide,
Car je suis seul avec mon chien.

Nonchalamment au pied d'un hêtre,
Chaque jour, nouveau Coridon,
Des airs de ma muse champêtre
Je fais retentir le vallon.
Là, le plus heureux des poètes,
Je ne crains pas, croyez-le bien,
Que l'on siffle mes chansonnettes,
Car je suis seul avec mon chien.
Justin GENSOUL.

L'Eloge du Vin.

AIR : *C'est l'amour, l'amour, l'amour.*

C'est le vin, le vin, le vin,
  Qui m'inspire
  Un gai délire,
C'est le vin, le vin, le vin,
  Qui calme le chagrin.

Qui d'un banquet doublant les charmes,
Rend un mauvais repas... divin?
Qui parfois fait couler des larmes,
Sans jamais causer de chagrin?
  Qui fait que l'on s'accorde
  En perdant la raison?
  Qui plonge la discorde
  Au fond d'un vieux flacon?
C'est le vin, etc.

Qui sait enflammer les bons drilles?
Qui fait entonner les chansons?
Qui rend faibles les jeunes filles?
Qui rend plus forts les vieux garçons?
  De Bordeaux à Golconde,
  De Madère à Porto,
  Qui fait courir le monde
  Sans sortir d'un caveau?

C'est le vin, etc.

Qui rend nos débiteurs ingambes?
Qui console nos créanciers?
Sans efforts qui casse les jambes
A des jaloux, à des huissiers?
  Qui sait, par sa puissance,
  Endormir un geôlier,
  Et rendre l'espérance
  Au pauvre prisonnier?

C'est le vin, etc.

Au sein d'une franche goguette
Qui fait, en chassant la raison,
D'un froid salon une guinguette?
Et d'un Lachaussée un Piron?
  Qui fait plaire et combattre?
  Qui provoque un bienfait?
  Bref... du bon Henri quatre
  Quel fut le premier lait?...

  C'est le vin, le vin, le vin,
    Qui m'inspire
    Un gai délire,
  C'est le vin, le vin, le vin,
    Qui calme le chagrin.

CHAMPION.

LE POETE DRAMATIQUE.

Air : *du Comédien affamé.*

Sans argent, sans tabac, sans feu,
Ma tête de vide alourdie
Se penche, et te prie, ô mon Dieu!
De protéger la tragédie.

Sur des haillons mis au pilon,
Je griffonne avec un bout d'aile
Sans trouver le moindre filon,
Et j'entends un mouton qui bêle!

Je dois verser sur ce papier
Du feu par un temps de froidure.
Phœbus, chauffe ton écolier,
Si tu hais la maculature!

Je rêve, j'ouvre grands mes yeux;
Je vois du linge et de la paille;
Je parle au roi Philippe deux,
Et j'entends des cris de volaille.

Je m'élance sur mon coursier.
A Madrid! au château, Pégase!
Il s'arrête. Il entend scier,
Recule et tombe dans la vase.

Enfin, ce vers est bien fouillé,
Digne de cette noble race.
Enfer! que vois-je? un bas mouillé
Qui tombe dessus et l'efface.

SCHILLER.

LA NUIT.

Air nouveau.

Le tumulte et le rire
Sont l'effroi de la lyre ;
La muse ne soupire
Jamais en plein soleil.
Le Jour, elle repose
Et sous son aile rose
Aux regards de la prose
Cache son front vermeil,

Mais pour chanter dans l'ombre,
Mon cœur, loin de tout bruit,
S'éveille à l'heure sombre
Où mon étoile luit.

Avec le jour se lève
Le doute, mauvais rêve,
Qui nous poursuit sans trêve,
Nous égare en tout lieu.
Plus de pieuses larmes,
Plus de tendres alarmes,
Dans l'univers sans charmes
L'esprit ne voit plus Dieu.

Mais pour prier dans l'ombre,
Mon cœur, loin de tout bruit,
S'éveille à l'heure sombre
Où mon étoile luit.

Le monde est plein de fange,
De foule, impur mélange,
Qu'il me faut, ô mon ange,
Traverser tour à tour.
Quand le jour me réclame,
Dans sa pudeur, mon âme
Laisse dormir sa flamme
Et voile son amour.

Mais pour t'aimer dans l'ombre,
Mon cœur, loin de tout bruit,
S'éveille à l'heure sombre
Où mon étoile luit.

Yves Kador.

MA MÈRE LE DÉFEND

RONDE.

Air : *Chantez, dansez, amusez-ous.*

De passer mes jours plus gaîment
Enfin il me prend fantaisie ;
Peut-on, sans un doux sentiment,
Trouver du charme en cette vie ?
Mais je n'aurai jamais d'amant,
Puisque ma mère le défend.

A l'amitié bornant mes vœux,
D'un jeune ami prudent et sage
J'accepte les soins généreux,
Et ma tendresse est sans partage ;
Mais je n'aurai jamais d'amant,
Puisque ma mère le défend.

Au jeune berger Lycidas
Ce soir même je me confie ;
Il doit suivre en tout lieu mes pas ;
Je serai son unique amie :
Mais je n'aurai jamais d'amant,
Puisque ma mère le défend.

De mes ennuis les plus secrets
Je lui ferai la confidence ;
Si quelqu'un m'insulte jamais,
C'est lui qui prendra ma défense :
Mais je n'aurai jamais d'amant,
Puisque ma mère le défend.

S'il me demande un doux baiser
Pour récompenser sa constance,
Pourrai-je hélas ! le refuser,
Sans trahir la reconnaissance ?
Mais je n'aurai jamais d'amant,
Puisque ma mère le défend.

O vous, qu'une sévère loi
Condamne souvent au veuvage,
Fuyez l'amour ; imitez-moi :
Prenez un ami doux et sage,
Mais ne prenez jamais d'amant,
Puisque le monde le défend.

Sophie GAIL.

MARGOTTON ET SON ANE.

RONDE POPULAIRE.

Quand Margotton s'rend au moulin,
Filant sa quenouille de lin ;

Ell' monte sur son âne ;
Ah ! l'âne ! Ah ! l'âne ! Ah ! l'âne,
Ell' monte sur son âne Martin
Pour aller au moulin.

Quand le meunier la voit venir
De rire il ne peut se tenir ;
« Attache là ton âne.
» Ah ! l'âne ! Ah ! l'âne ! Ah ! l'âne !
» Attache là ton âne Martin
» A la port' du moulin. »

Pendant que le moulin moulait
Le meunier la belle embrassait ;
Le loup a mangé l'âne.
Ah ! l'âne ! Ah ! l'âne ! Ah ! l'âne
Le loup a mangé l'âne Martin
A la port' du moulin.

« J'ai douze écus dans mon gousset,
» Prends-en cinq et laisse m'en sept,
» T'achèteras un âne.
» Ah ! l'âne ! Ah ! l'âne ! Ah ! l'âne !
» T'achèteras un âne Martin
» Pour venir au moulin. »

Le mari, la voyant venir,
De gronder ne put se tenir :
« Ce n'est pas là mon âne !
» Ah ! l'âne ! Ah ! l'âne ! Ah ! l'âne !
« Ce n'est pas là mon âne Martin
» Qui t'portait au moulin.

Nancy, imp. de Hinzelin et Cie.

J'AI PRIÉ.

ROMANCE.

A l'heure où la brise embaumée
Vient rafraîchir la fleur des champs ;
A l'heure où d'une voix aimée
L'écho murmure les accents ;

A l'heure où la douce harmonie
Semble nous élever à Dieu,
Et lorsque tinte une agonie,
Qu'un être au monde dit adieu ;

A l'heure où tristement on veille,
Pensif, sans espoir d'oublier ;
A l'heure enfin où tout sommeille,
Lorsqu'il est doux de prier !

C'est que la prière console
Le cœur, lorsqu'il a tout perdu.
Souvent, après, l'âme est moins folle,
Et notre front moins abattu....

Mais, à cette heure solitaire,
Du monde heureux de m'isoler,
Dis-moi pourquoi dans ma prière
Ton nom toujours vient se mêler ?

Dis-moi pourquoi, lorsque j'échange
Avec l'écho quelques soupirs,
Contre mes vitraux les zéphirs
M'apportent ta figure d'ange ?

Approuvé pour le colportage le 24 juillet 1858.

C'est qu'un malheur brisa ta vie,
Et que les destins trop cruels
Naguère, hélas ! t'ont poursuivie,
Comme moi de leurs coups mortels...

C'est qu'il n'est plus pour toi de charmes
Aux vains amusements joyeux :
Le cœur en deuil et plein de larmes,
Dans une fête est-on heureux !

Songeant à ta douleur cruelle,
Soudain mon cœur s'est écrié :
« Pitié, mon Dieu, pitié pour elle !
» Pitié pour tous... » Et j'ai prié.

J'ai prié, car dans la tempête
Notre regard se fixe aux cieux ;
J'ai prié, pour que sur sa tête
Descendît la faveur des dieux.

J'ai prié loin de ta présence,
Inspiré par ton souvenir ;
J'ai prié, pour que l'espérance
Plus brillante à toi vînt s'offrir.

J'ai prié, dans ma peine amère
Exhalant des regrets nouveaux,
Pour ma Louise et pour mon frère,
Dormant du sommeil des tombeaux !...

S. SEJALON.

LE HIBOU ET L'ALOUETTE.

Air de la Forêt silencieuse.

A la jeune et vive alouette
Ainsi parlait un vieux hibou :
« Je viens de perdre ma chouette,
» Hou hou hou hou hou hou hou hou !

» Veux-tu devenir mon amante ?
» Je t'offre ma patte et mon trou ;
» J'ai l'œil tendre et la voix charmante,
» Hou hou hou hou hou hou hou hou !

» Nous aurons d'un hymen prospère
» Ce que prédit le coucou,
» Des enfans gais comme leur père,
» Hou hou hou hou hou hou hou hou ! »

La gentille alouette, avec son tire lire,
Tire lire a liré, puis, tire lirant, tire
Vers la voûte du ciel ; son vol prestigieux
Vire et désire dire : Adieu, vieux ! adieu, vieux !

« Moi qui, joyeuse et fredonnante,
» Et babillarde et frétillante,
» Veut toujours me lever matin
» Pour chantonner mon gai refrain ;

» Moi, qui ne hais point la lumière,
» Comme toi, pauvre loup garou,
» De ta retraite solitaire
» Je ne puis partager le trou.

» Ainsi donc laisse-moi dire mon tire-lire
» Tire-lire-lirant et tire-lirant-tire ;
» Laisse-moi m'élancer vers le suprême lieu
» Où je porte mes chants et mon hommage à
     [Dieu.»] ALBÉRIC.

MARINE.

CHANT D'UN MOUSSE.

PAROLES DE M.***; MUSIQUE DE C.-L. SCHLOSSER.

L'Océan est mon domaine,
Le flot d'azur mon berceau !
Ma demeure est la carène,
Qui s'en va glissant sur l'eau.
Eblouissant à la vue,
Dans un riche manteau d'or,
Je vois prendre son essor (bis)
Le soleil qui fend la nue.

  Et nous, les matelots,
  Maîtres des flots,
  Nous narguons la tempête ;
  L'orage, c'est la fête :
   Vive le fracas
   Qui brise les mâts !

Enfant, j'eus une chaumière,
C'est là que je vins au jour ;
Il m'en souvient, une mère
Me berçait avec amour.
Pour une plage lointaine,
Je l'ai quittée en pleurant ;
Petit mousse sera grand : (bis.)
Je reviendrai capitaine,

Et nous, les matelots,
Maîtres des flots,
Nous narguons la tempête ;
L'orage, c'est la fête :
　Vive le fracas
　Qui brise les mâts !

QUI VEUT MON CŒUR ?

BLUETTE.

Paroles de Th. Tallien ; Musique de G. Bazin.

Ah ! si vous saviez, quel ennui ;
Je crois que j'en perdrai la tête !
Chaque jour, encore aujourd'hui,
Ma sœur à tous moments répète :
« Tenez-vous bien, baissez les yeux !
Ne dites mot, petite fille,
Pourquoi ce regard curieux ?
Occupez-vous de votre aiguille ! »
Ici-bas, le plus grand malheur
Est d'avoir une grande sœur ! (bis)

Ce sont toujours nouveaux bouquets,
Cadeaux, bijoux qu'on lui destine ;
Et puis certains papiers coquets,
Dont le contenu se devine ;
Moi, je ne dois rien accepter,
Même une fleur m'est interdite :
Non, je ne saurais supporter
Cette chaîne injuste et maudite !
Ah ! pour narguer ma grande sœur,
Qui veut me donner une fleur ?

J'entends tous les jours répéter :
« Elle a vingt ans, elle est bien belle ! »
J'en ai quinze, et sans me vanter,
Je ne suis pas plus laide qu'elle !
Comme elle enfin je puis charmer !
Un tel abandon m'exaspère :
Si je pouvais me faire aimer !
Cela n'engage à rien, j'espère ?
Oui, pour narguer ma grande sœur,
J'offre mon cœur, qui veut mon cœur ?

BARCAROLLE.

Paroles de M. de Villars; musique de E. Burelle.

Descends dans ma nacelle,
Bel ange, mon amour :
Du bonheur qui t'appelle
Viens fêter le retour ;

Descends, ma barque est prête.
Du vent, suivant le cours,
Notre voile discrète
Guidera nos amours.

Loin de toi, dans mes rêves,
Pour ce ciel azuré,
Sur le sable des grèves,
Que de fois j'ai pleuré !

Descends, etc.

Je croyais, jeune fille,
Dans mes nuits sans sommeil,
Voir ton regard qui brille
Comme un rayon vermeil.

Descends, etc.

Vois le flot qui ruisselle,
Comme un cheval sans frein;
Le plaisir nous appelle,
Oublions le chagrin!

Descends, etc.

La Musique, avec accompagnement de piano, des trois chansons précédentes, se trouve chez M. Schlosser, éditeur-propriétaire, place des Victoires, à Paris; et à la Librairie Hinzelin, place du Marché, à Nancy.

IL NE FAUT PAS VOUS Y FROTTER.

Air : *Abonnés à l'Opéra-Comique.*

Ne jugez pas sur l'apparence
Les amis qui s'offrent à vous ;
Armez vos cœurs de défiance,
Pour des liens nobles et doux.
Cet homme à l'air faux, à moustaches,
Avec art cherche à vous flatter,
Eh bien, si vous craignez les taches,
Il ne faut pas vous y frotter.

Qu'une belle, au regard timide,
Voile en rougissant ses appas ;
Amants, prenez l'amour pour guide,
Trouvez le bonheur dans ses bras ;
Mais quand friponne trop habile
Vient tendrement vous inviter
Aux plaisirs d'un accès facile,
Il ne faut pas vous y frotter.

Quand un ennemi de la France
Ouvre la lice des combats,
Dans nos conscrits, jeune espérance,
Il peut craindre de fiers soldats.
Et vous, que l'Europe alarmée,
A pu voir ne rien respecter,
Songez à notre vieille armée...
Il ne faut pas vous y frotter.

Avec les aimables poètes
Qu'inspirent l'amour et Bacchus,
Joyeux auteurs de chansonnettes,
Allez gaîment faire chorus ;
Mais quand, par les sons de sa lyre,
Béranger sait nous enchanter,
Rimeurs, qui ne savez qu'écrire,
Il ne faut pas vous y frotter.

E. de PRADEL.

UNE VISITE A MES TONNEAUX

Air : *Soir et matin, sur la fougère.*

Pour la bouteille, mon amie,
J'ai le culte de maître Adam ;
De sa douce philosophie
Je suis le joyeux partisan.
Comme lui, le matin, je chante
Un hymne aux ceps de nos côteaux,
Puis, au cellier, je fais descente
Et je vais droit à mes tonneaux.

Un médecin plein de science,
Très-renommé dans le pays,
Nous répète que la bombance
Et le vin chassent les soucis.
Aussi, quand le chagrin m'obsède,
Quand je rumine à tous mes maux,
Je me souviens de ce remède
Et je visite mes tonneaux.

D'abord, je fais la révérence
A mes muids, leste et guilleret ;
Puis, après, je remplis ma panse,
La bouche sous le robinet.
Je laisse, dans ma gorge sèche,
De mon vin découler les flots.
Nom d'une pipe ! quelle brèche
Je fais à mes pauvres tonneaux.

Quand j'ai bu, comme à la guinguette,
La valeur de vingt carafons,
J'appelle, pour sortir, Jeannette,
Je mets en jeu mes deux poumons.
Elle quitte, alors, son ménage,
Pour m'accabler de sots propos;
Elle arrive, et, dans sa rage,
Veut défoncer tous mes tonneaux.

De ma cave, je sors mort-ivre;
On va chercher le médecin;
Grâce au ciel, il me fait revivre;
Perdant le tiers de son latin.
Je sers d'exemple déplorable,
Alentour, dans tous les hameaux,
Qu'on est, dit-on, peu raisonnable,
Quand on aime trop les tonneaux.

Alphonse GAYOT.

VEUX-TU M'AIMER ?

ROMANCE.

Si tu voulais, sous la charmille,
Quand l'heure appelle les aveux,
J'irais t'attendre, jeune fille
Au doux regard, aux blonds cheveux;
Pour ta jeune âme qui s'éveille,
Ce mot le plus doux à nommer,
Je le dirais à ton oreille,
  Si tu voulais m'aimer.

Je veillerais quand tu reposes,
J'invoquerais dans ton sommeil,
Pour répandre sur toi ses roses,
Un ange au sourire vermeil ;
J'écarterais les mauvais songes
Qui descendraient pour t'alarmer,
Appelant les riants mensonges,
  Si tu voulais m'aimer.

Quand du jour baisse la lumière,
A l'heure où le travail finit,
A cette heure de la prière
Où l'oiseau regagne son nid,
Je trouverais dans ma mémoire,
Pour te la dire et te charmer,
Des chevaliers la noble histoire,
  Si tu voulais m'aimer.

Je demanderais à la brise
Des caresses pour ton front pur ;
A l'eau du torrent qui se brise,
Des perles pour tes yeux d'azur ;
Au matin, quand brille la terre,
Tous ses chants pour te ranimer ;
Au soir, le calme et le mystère,
  Si tu voulais m'aimer.

Au bord des sentiers de la vie,
Où marcher seul c'est trop souffrir,
Sur un signe de ton envie,
J'irais cueillant, pour te l'offrir,
Chaque fleur fraîchement éclose
Que ta voix saurait me nommer,
Te l'apporterais blanche et rose,
  Si tu voulais m'aimer.

Ah ! je voudrais qu'à ton sourire
On ne vît se mêler nuls pleurs,
Que le passé pût te séduire,
Que l'avenir fût sans douleur ;
Mes désirs, mes vœux sans mélange,
Pour pouvoir te les exprimer,
Il me faudrait la voix d'un ange,
    Si tu voulais m'aimer.

Tous les bonheurs que Dieu nous donne,
Joies et plaisirs qu'il fit pour nous,
Je t'en ferais une couronne
Et la mettrais à tes genoux ;
De ton matin, le plus beau rêve,
Au Dieu seul qui pût le former,
Moi, je dirais : « Fais qu'il s'achève ! »
    Si tu voulais m'aimer.

Si tu voulais, ô jeune fille,
Dans l'amertume de mes jours,
Tu serais l'étoile qui brille
Et je bénirais Dieu toujours ;
Si, dans ton cœur la pure flamme
Pouvait comme en moi s'allumer ;
Ah ! que de joie aurait mon âme,
    Si tu voulais m'aimer.

Nancy, imp. de Hinzelin et Cie.

www.ingramcontent.com/pod-product-compliance
Lightning Source LLC
Chambersburg PA
CBHW050256170426
43202CB00011B/1710